目次

教科書ぴったりトレーニング
東京書籍版 国語 1年

効率よく勉強して
テストでいい点を取ろう

成績アップのための学習メソッド

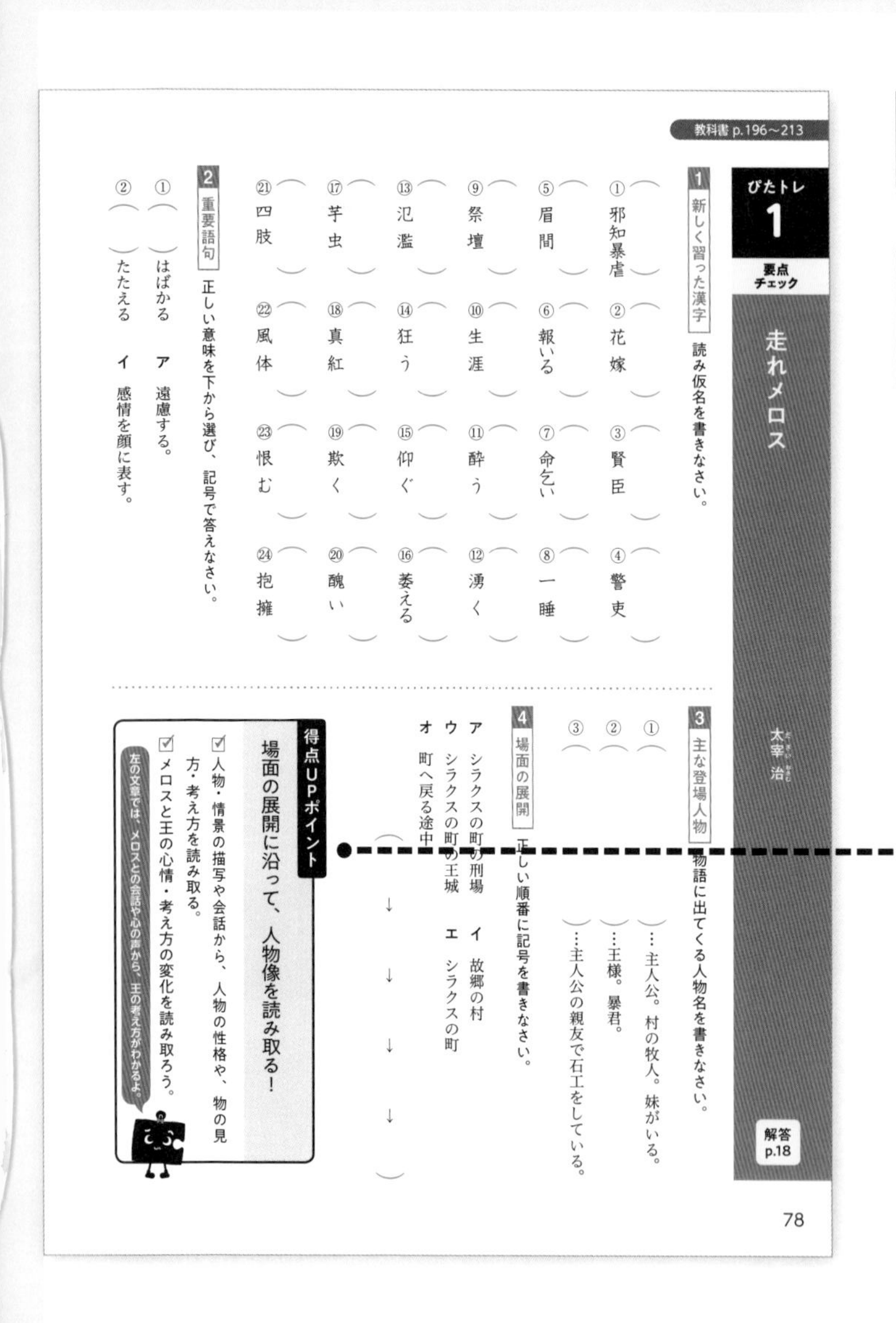
教科書 p.196～213

ぴたトレ 1 要点チェック

走れメロス

太宰 治

1 新しく習った漢字 読み仮名を書きなさい。

① 邪知暴虐 ( ) ② 花嫁 ( ) ③ 賢臣 ( ) ④ 警吏 ( )
⑤ 眉間 ( ) ⑥ 報いる ( ) ⑦ 命乞い ( ) ⑧ 一睡 ( )
⑨ 祭壇 ( ) ⑩ 生涯 ( ) ⑪ 酔う ( ) ⑫ 湧く ( )
⑬ 氾濫 ( ) ⑭ 狂う ( ) ⑮ 仰ぐ ( ) ⑯ 萎える ( )
⑰ 芋虫 ( ) ⑱ 真紅 ( ) ⑲ 欺く ( ) ⑳ 醜い ( )
㉑ 四肢 ( ) ㉒ 風体 ( ) ㉓ 恨む ( ) ㉔ 抱擁 ( )

2 重要語句 正しい意味を下から選び、記号で答えなさい。

① ( ) はばかる　ア 遠慮する。
② ( ) たたえる　イ 感情を顔に表す。

3 主な登場人物 物語に出てくる人物名を書きなさい。

① ( ) …主人公。村の牧人。妹がいる。
② ( ) …王様。暴君。
③ ( ) …主人公の親友で石工をしている。

4 場面の展開 正しい順番に記号を書きなさい。

ア シラクスの町の刑場　イ 故郷の村
ウ シラクスの町の王城　エ シラクスの町
オ 町へ戻る途中

( ) → ( ) → ( ) → ( ) → ( )

得点UPポイント

場面の展開に沿って、人物像を読み取る！

☑ 人物・情景の描写や会話から、人物の性格や、物の見方・考え方を読み取る。
☑ メロスと王の心情・考え方の変化を読み取ろう。

解答 p.18

78

ぴたトレ1

要点チェック

教科書の教材についての理解を深め、基礎学力を定着させます。

言語知識の確認

教科書の新出漢字・重要語句が順番にのっています。

読解教材の基礎知識

登場人物や段落分けなどを問題形式で確認できます。

得点UPポイント

国語の力が付くように、文章読解する際のポイントを示しているよ！

スタートアップ

教材の要点や覚えておくべき文法事項をまとめているよ！

リー子

学習メソッド

STEP1

ノートを整理・確認

定期テストでは授業で取り上げた内容が出やすい。板書を見直して重要なところをおさらいしよう。

←

STEP2

基礎を固める

テスト期間が始まったら、まずはぴたトレ1で教材の要点や文法、新出漢字を復習しよう。

問題を解くのに時間はかけず、横にノートを置いてこまめに確認しながら問題を解いていこう。

←

STEP3

新出漢字を集中特訓

教科書で習った順にまとめられた別冊「mini book」を使って、漢字はすべて書けるように練習しよう。

mini book
新出漢字チェック！

ぴたトレ2

練習

短い文章問題や言語問題を解いて、
理解力や応用力を高めます。

文章読解の練習

文章読解では500字程度の短い文章をすばやく読む練習をします。

文法問題の練習

文法問題ではテストに出やすい問題を中心にまとめています。

ヒント
問題を解くうえでの注意点やポイントを示しているよ!

タイムトライアル
時間を意識して文章を読もう。目標タイムはクリアできるかな。

ぴたトレ 2 練習 走れメロス

タイムトライアル 10分

解答 p.18

1 読解問題 文章を読んで、問いに答えなさい。 教科書199ページ16行～200ページ6行

それを聞いて王は、①残虐な気持ちで、そっとほくそ笑んだ。生意気なことを言うわい。どうせ帰ってこないに決まっている。このうそつきにだまされたふりして、放してやるのも②おもしろい。そうして身代わりの男を、三日目に殺してやるのも気味がいい。人は、これだから信じられぬと、わしは悲しい顔して、その身代わりの男を磔刑に処してやるのだ。世の中の、正直者とかいうやつばらにうんと見せつけてやりたいものさ。

「願いを聞いた。その身代わりを呼ぶがよい。三日目には日没までに帰ってこい。遅れたら、その身代わりを、きっと殺すぞ。ちょっと遅れて来るがいい。おまえの罪は、永遠に許してやろうぞ。」

「なに、何をおっしゃる。」

「はは。命が大事だったら、遅れて来い。③おまえの心は、わかっているぞ。」

メロスは悔しく、じだんだ踏んだ。ものも言いたくなくなった。

太宰 治「走れメロス」より

(1) ――線①「残虐な気持ち」とありますが、その内容が書かれているのはどこですか。文章中から探し、初めと終わりの五字を抜き出しなさい。(句読点を含む)

□□□□□ ～ □□□□□

ヒント 王の心の声が書かれている部分を探すよ。

(2) ――線②「おもしろい。」とありますが、このとき王はどんなことを考えていましたか。次から一つ選び、記号で答えなさい。

ア 人の心はあてにならないことを証明できるぞ。
イ うそと知ってだまされるわしも、お人よしじゃわい。
ウ 人の心を信じることができるかもしれぬ。

ヒント 王のたくらみを読み取ろう。

(3) ――線③「お前の心は、わかっているぞ。」とありますが、王はメロスが心の中ではどう思っていると考えていますか。次から一つ選び、記号で答えなさい。

ア 三日目の日没までには何としても帰ってこよう。
イ 遅れて帰って、身代わりに死んでもらおう。
ウ 王は三日目の日没より前に身代わりを殺すだろう。

ヒント メロスは王の言葉を聞いて、悔しがっているよ。

79

学習メソッド

STEP1 **教科書の文章を読む**
文章を少なくとも2回は音読してどんな内容が書かれているのか、頭のなかでイメージできるようにしておこう。

←

STEP2 **時間を計って問題を解く**
ぴたトレ2の文章には目標時間が設定されている。時間を意識してすばやく解く練習をしよう。

STEP3 **もう一度解き直す**
解いた後に音読をしてからもう一度解けばより理解が深まる。

定期テストで点を取るためには教科書の文章を何度も「音読すること」が大切だよ。
テストのときに文章を読まなくても解けるくらいに、教材の内容をしっかり頭に入れておこう!

ター坊

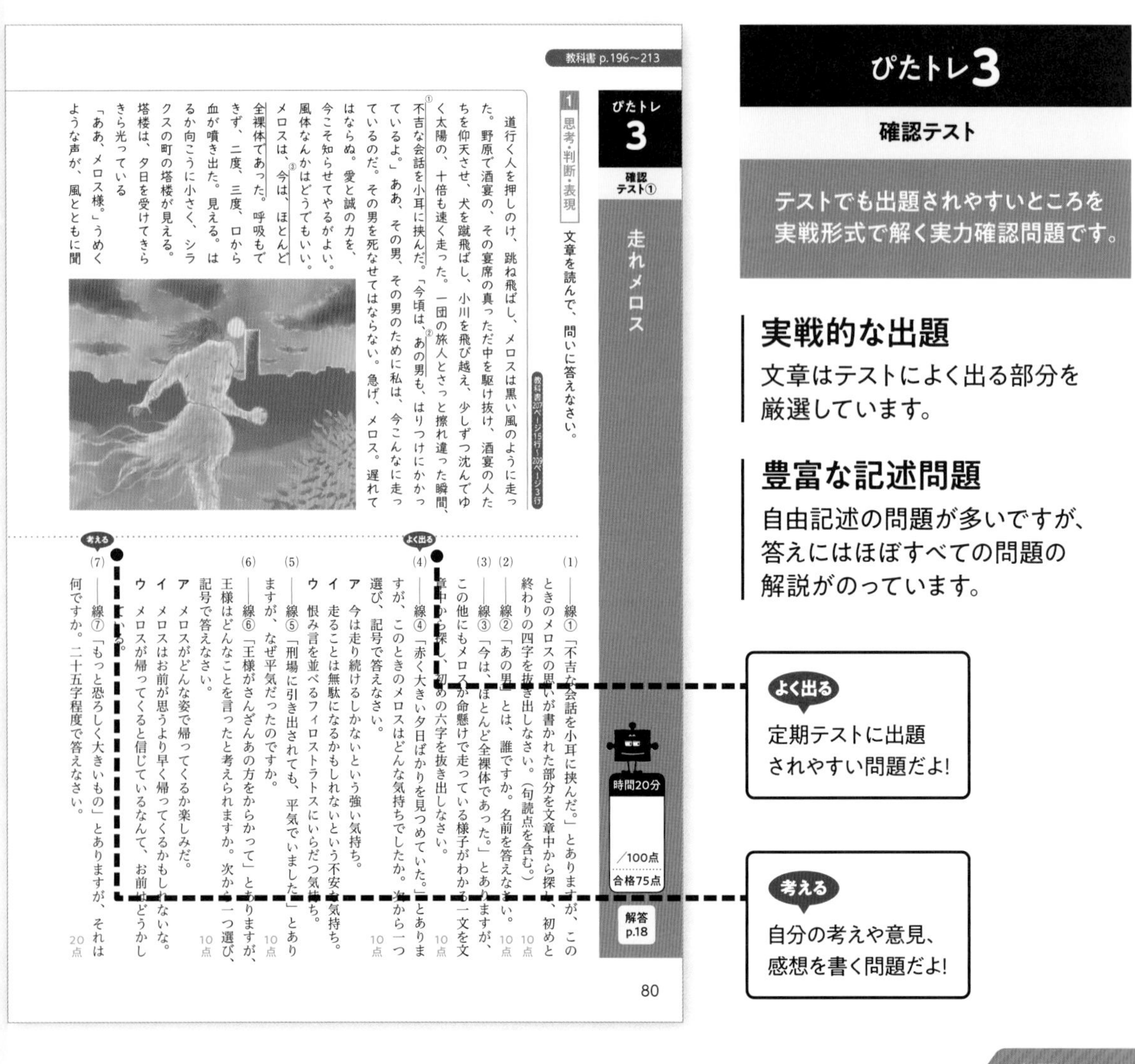
教科書 p.196～213

ぴたトレ 3 確認テスト①

走れメロス

1 思考・判断・表現 文章を読んで、問いに答えなさい。

教科書207ページ15行～209ページ3行

道行く人を押しのけ、跳ね飛ばし、メロスは黒い風のように走った。野原で酒宴の、その宴席の真っただ中を駆け抜け、酒宴の人たちを仰天させ、犬を蹴飛ばし、小川を飛び越え、少しずつ沈んでゆく太陽の、十倍も速く走った。一団の旅人とさっと擦れ違った瞬間、①不吉な会話を小耳に挟んだ。「今頃は、②あの男も、はりつけにかかっているよ。」ああ、その男、その男のために私は、今こんなに走っているのだ。その男を死なせてはならない。急げ、メロス。遅れてはならぬ。愛と誠の力を、今こそ知らせてやるがよい。風体なんかはどうでもいい。メロスは、③今は、ほとんど全裸体であった。呼吸もできず、二度、三度、口から血が噴き出た。見える。はるか向こうに小さく、シラクスの町の塔楼が見える。塔楼は、夕日を受けてきらきら光っている

「ああ、メロス様。」うめくような声が、風とともに聞

(1) ――線①「不吉な会話を小耳に挟んだ。」とありますが、このときのメロスの思いが書かれた部分を文章中から探し、初めと終わりの四字を抜き出しなさい。（句読点を含む。） 10点

(2) ――線②「あの男」とは、誰ですか。名前を答えなさい。 10点

(3) ――線③「今は、ほとんど全裸体であった。」とありますが、この他にもメロスが命懸けで走っている様子がわかる一文を文章中から探し、初めの六字を抜き出しなさい。 10点

よく出る (4) ――線④「赤く大きい夕日ばかりを見つめていた。」とありますが、このときのメロスはどんな気持ちでしたか。次から一つ選び、記号で答えなさい。 10点

ア 今は走り続けるしかないという強い気持ち。
イ 走ることは無駄になるかもしれないという不安な気持ち。
ウ 恨み言を並べるフィロストラトスにいらだつ気持ち。

(5) ――線⑤「刑場に引き出されても、平気でいました」とありますが、なぜ平気だったのですか。 10点

(6) ――線⑥「王様がさんざんあの方をからかって」とありますが、王様はどんなことを言ったと考えられますか。次から一つ選び、記号で答えなさい。 10点

ア メロスがどんな姿で帰ってくるか楽しみだ。
イ メロスはお前が思うより早く帰ってくるかもしれないな。
ウ メロスが帰ってくると信じているなんて、お前はどうかしている。

考える (7) ――線⑦「もっと恐ろしく大きいもの」とありますが、それは何ですか。二十五字程度で答えなさい。 20点

時間20分 ／100点 合格75点

解答 p.18

80

ぴたトレ3

確認テスト

テストでも出題されやすいところを実戦形式で解く実力確認問題です。

実戦的な出題
文章はテストによく出る部分を厳選しています。

豊富な記述問題
自由記述の問題が多いですが、答えにはほぼすべての問題の解説がのっています。

よく出る
定期テストに出題されやすい問題だよ!

考える
自分の考えや意見、感想を書く問題だよ!

学習メソッド

STEP1
応用力を身につける
ぴたトレ3では記述問題を中心に難易度の高い問題が出題される。時間を計って実力を確認しよう。

←

STEP2
理解を深める
間違えた問題は必ず解答解説を確認して、本番でも解けるように理解を深めておこう。

←

STEP3
本番前の最終確認
巻末の「定期テスト予想問題」をテスト直前に解いておこう。
余裕(よゆう)があれば音読をもう一度、新出漢字はmini bookを確認して確実に得点できるようにしよう。

ぴたトレ3には「観点別評価」も示されてるよ! これなら内申点も意識できるね!

ピー助

教科書 p.196～230

定期テスト 予想問題 14

走れメロス

文章を読んで、問いに答えなさい。

　ふと耳に、せんせん、水の流れる音が聞こえた。そっと頭をもたげ、息をのんで耳を澄ました。すぐ足元で、水が流れているらしい。よろよろ起き上がって、見ると、岩の裂け目からこんこんと、①何か小さくささやきながら清水が湧き出ているのである。その泉に吸い込まれるようにメロスは身をかがめた。水を両手ですくって、一口飲んだ。ほうと長いため息が出て、夢から覚めたような気がした。歩ける。行こう。肉体の疲労回復とともに、僅かながら②希望が生まれた。義務遂行の希望である。我が身を殺して、名誉を守る希望である。斜陽は赤い光を木々の葉に投じ、葉も枝も燃えるばかりに輝いている。日没までには、まだ間がある。私を待っている人があるのだ。少しも疑わず、静かに期待してくれている人があるのだ。私は信じられている。私の命なぞは問題ではない。死んでおわびなど、と、気のいいことは言っておられぬ。私は信頼に報いなければならぬ。③今はただその一事だ。走れ！　メロス。

　④私は信頼されている。私は信頼されている。先刻の、あの悪魔のささやきは、あれは夢だ。悪い夢だ。忘れてしまえ。五臓が疲れているときは、ふいとあんな悪い夢を見るものだ。メロス、おまえの恥ではない。やはり、おまえは真の勇者だ。再び立って走れるようになったではないか。ありがたい！　私は正義の士として死ぬことができるぞ。ああ、日が沈む。ずんずん沈む。待ってくれ、ゼウスよ。私は生まれたときから正直な男であった。正直な男のままにして死なせてください。

太宰 治「走れメロス」より

(1) ――線①「何か小さくささやきながら」とありますが、ここに用いられている表現技法は何ですか。次から一つ選び、記号で答えなさい。　20点

ア　倒置　　イ　直喩　　ウ　擬人法

(2) ――線②「希望」とありますが、どのような希望ですか。文章中から二つ、七字で抜き出しなさい。　各15点

(3) ――線③「今はただその一事だ。」とありますが、「その一事」とはどんなことですか。文章中の言葉を用いて、十字以内で答えなさい。　25点

(4) ――線④「私は信頼されている。私は信頼されている。」とありますが、メロスはなぜ同じ言葉を二度繰り返しているのですか。簡潔に答えなさい。　25点

解答 p.32

(1)	(2)	(3)	(4)

定期テスト予想問題

テスト直前に解くことを意識した1ページ完結の実力テスト問題です。

- 全15回収録のテスト問題です。
- 読解問題を中心に、教材によっては文法問題も出題されます。

通知表と観点別評価

学校の通知表は

- 知識及び技能
- 思考力・判断力・表現力
- 主体的に学習に取り組む態度

といった観点別の評価をもとに作成されています。

本書では、観点別の評価問題を取り上げ、成績に直接結び付くようにしました。

［ぴたトレが支持される3つの理由!!］

1　35年以上続く超ロングセラー商品

昭和59年の発刊以降、教科書改訂(かいてい)にあわせて教材の質を高め、多くの中学生に使用されてきた実績があります。

2　教科書会社が制作する唯一の教科書準拠(じゅんきょ)問題集

教科書会社の編集部が問題集を作成しているので、授業の進度にあわせた予習・復習にもぴったり対応しています。

3　日常学習～定期テスト対策まで完全サポート

部活などで忙しくても効率的に取り組むことで、テストの点数はもちろん、成績・内申点アップも期待できます。

ぴたトレ1 練習

風の五線譜（ごせんふ）

高階杞一（たかしなきいち）

解答 p.1

1 読解問題 詩を読んで、問いに答えなさい。

教科書巻頭

風の五線譜　　高階杞一

風に葉っぱがゆれている

大きな葉っぱ
小さな葉っぱ

ぎざぎざの葉っぱ
まるい葉っぱ

黒い葉っぱ
黄色い葉っぱ

ひとつひとつが
風にゆれ
みんな

(1) この詩の形式を次から一つ選び、記号で答えなさい。

ア 文語定型詩
イ 文語自由詩
ウ 口語定型詩
エ 口語自由詩

（　）

ヒント 使われている言葉と音数を考えよう。

(2) 何連からできていますか。漢数字で答えなさい。

（　）連

ヒント 空きで区切られているまとまりの数を数えよう。

(3) この詩で繰り返し使われている言葉は何ですか。

（　）

ヒント 第四連までに着目しよう。

(4) 第二〜四連に用いられている表現技法を次から二つ選び、記号で答えなさい。

ア 直喩（ちょくゆ）
イ 対句（ついく）
ウ 体言止め
エ 倒置（とうち）

（　）（　）

ちがった音を出している

みんなで
きれいな曲を奏(かな)でている

高階杞一「風の五線譜」〈「空への質問」〉より

ヒント　各連の語の構成と行末の言葉に着目しよう。

(5) 題名の「風の五線譜」は、どのような様子をイメージしてつけられたと思われますか。次から一つ選び、記号で答えなさい。
ア　たくさんの葉が、風で木から落ちていく様子。
イ　風が、葉っぱたちに音楽を聞かせている様子。
ウ　風が葉っぱをゆらし、曲を演奏している様子。

（　　）

ヒント　最後の二つの連に着目しよう。

(6) この詩で作者がえがこうとしているものとして適切なものを次から一つ選び、記号で答えなさい。
ア　異なる一つ一つが、自らを全体に合わせようと努力する姿は美しい。
イ　一つ一つは異なっているのに、全体で調和している姿は美しい。
ウ　全体で協力して、一つのことを成しとげようとする姿は美しい。

（　　）

ヒント　「みんなで／きれいな」曲を奏でていることから考えよう。

ぴたトレ **1** 要点チェック

話し方はどうかな

川上裕之（かわかみひろゆき）

解答 p.1

1 新しく習った漢字　読み仮名を書きなさい。

①皆さん（　　）
②挟む（　　）
③大汗（　　）
④遅い（　　）
⑤普通（　　）
⑥仮名（　　）
⑦原稿（　　）
⑧実況（　　）
⑨中継（　　）
⑩満塁（　　）
⑪抜ける（　　）
⑫跳ねる（　　）
⑬捕る（　　）
⑭込む（　　）
⑮状況（じょうきょう）の下（　　）
⑯猛烈（　　）
⑰乾燥（　　）
⑱扱う（　　）
⑲交互（　　）
⑳淡々（　　）
㉑工夫（　　）

2 重要語句　正しい意味を下から選び、記号で答えなさい。

①（　　）山場　　ア　基礎（きそ）となるよりどころ。
②（　　）基準　　イ　最高の盛り上がりを見せているところ。

3 段落構成　文章中の言葉を書きなさい。

段落	内容
序論 1～2段落	・相手が話をうまく聞き取れない原因は、話す（　　）にあることが多い。
本論1 3～5段落	・日本語を話すときの最高の速さは、一分間に（　　）字が限度。
本論2 6～8段落	・いちばん聞きやすい速さは、一分間に（　　）字。この速さで、「話の（　　）」を豊かにするとよい。
結論 9段落	・（　　）によく分かる話し方を工夫しよう。

得点UPポイント

筆者が伝えたいことは何かを捉（とら）える！

☑「話し方」について考えるために、二つの具体例を挙げて説明している文章である。
☑「聞き手によく分かる話し方」とは何か考えよう。

左の文章では、話す速さについて、ある例を挙げて説明しているよ。

ぴたトレ 2

練習

話し方はどうかな

タイムトライアル 10分

解答 p.1

1 読解問題　文章を読んで、問いに答えなさい。

教科書15ページ14行〜17ページ7行

さて、日本人が最高の速さで日本語をしゃべったら何字くらいになるでしょうか。これは、スポーツ・アナウンサーが実況の山場でしゃべるときの速さが、最高ではないかと考えられます。あるアナウンサーの録音から、その内容を原稿にしました。野球の中継放送で、ワンアウト満塁というチャンスにバッターがクリーン・ヒットを打ちました。そのときのアナウンス。

ピッチャー第六球を投げた。直球。打った。セカンド頭上。抜けた。右中間に飛ぶ。ワンバウンド。ヒット。三塁から一人ホームイン。二塁のランナー三塁へ。おっと、ボールは右中間を抜けた。ツーバウンド、スリーバウンド、ゴロになった。塀に当たって跳ね返った。二人目ホームイン。二点。一塁のランナーも三塁を回った。打ったランナー、二塁へ。ボールはライト、いやセンターが捕った。バックホーム。いい球だ。ランナー滑り込んだ。タッチ、タッチ。タッチアウト。この間に打ったランナーは三塁へ。二点、二点を挙げました。ツーアウトでランナー三塁！

二百六十字ほどですが、これをざっと十八秒、分速に換算しますと八百七十字というスピードで実況をしています。ですから多めに見て、九百字が限度ではないかと考えます。

川上裕之「話し方はどうかな」〈「言葉のプロムナード」〉より

(1) この文章の話題は何ですか。□に当てはまる言葉を文章中から抜き出しなさい。

□を話すときの□の速さ。

ヒント　最初の一文に着目しよう。

(2) ▬の部分の文章の特徴として適切なものを次から一つ選び、記号で答えなさい。

ア　専門用語を使い情景を細かに説明している。
イ　ていねいで分かりやすい言い回しをしている。
ウ　一文が短く、体言止めが多く使われている。

（　　）

ヒント　普通の文章と比べて違う点を探そう。

(3) ——線「日本人が最高の速さで日本語をしゃべったら何字くらいになるでしょうか」について答えなさい。

① 筆者は、日本人が最も速く日本語をしゃべるのは何のときの速さだと考えていますか。文章中から二十七字で探し、初めの四字を書きなさい。

□□□□

ヒント　▬が何の例であるか読み取ろう。

② 最高の速さの限度は、一分間に何字だと考えられますか。

（　　）字

ヒント　「ですから」の後の筆者の考えに着目しよう。

ぴたトレ 3

確認テスト

話し方はどうかな

時間20分

／100点 合格75点

解答 p.1

1 思考・判断・表現　文章を読んで、問いに答えなさい。

教科書17ページ12行～19ページ10行

では、①いちばん聞きやすい速さとはどれくらいでしょうか。一分間に三百字が基準です。これは長い間の放送の経験を通じての結論です。②時計の秒針を見ながら、次の文章を声に出して読んでみましょう。

続いて気象情報です。気象庁の観測によりますと、千島列島付近では低気圧が猛烈に発達しています。一方、中国大陸には優勢な高気圧があって、日本付近は強い冬型の気圧配置となっています。上空およそ五千五百メートルには氷点下三十度以下の強い寒気が入っており、日本海側の各地では、これから明日の朝にかけて大雪の恐れがあります。特に、東北地方の日本海側から北陸地方にかけては、

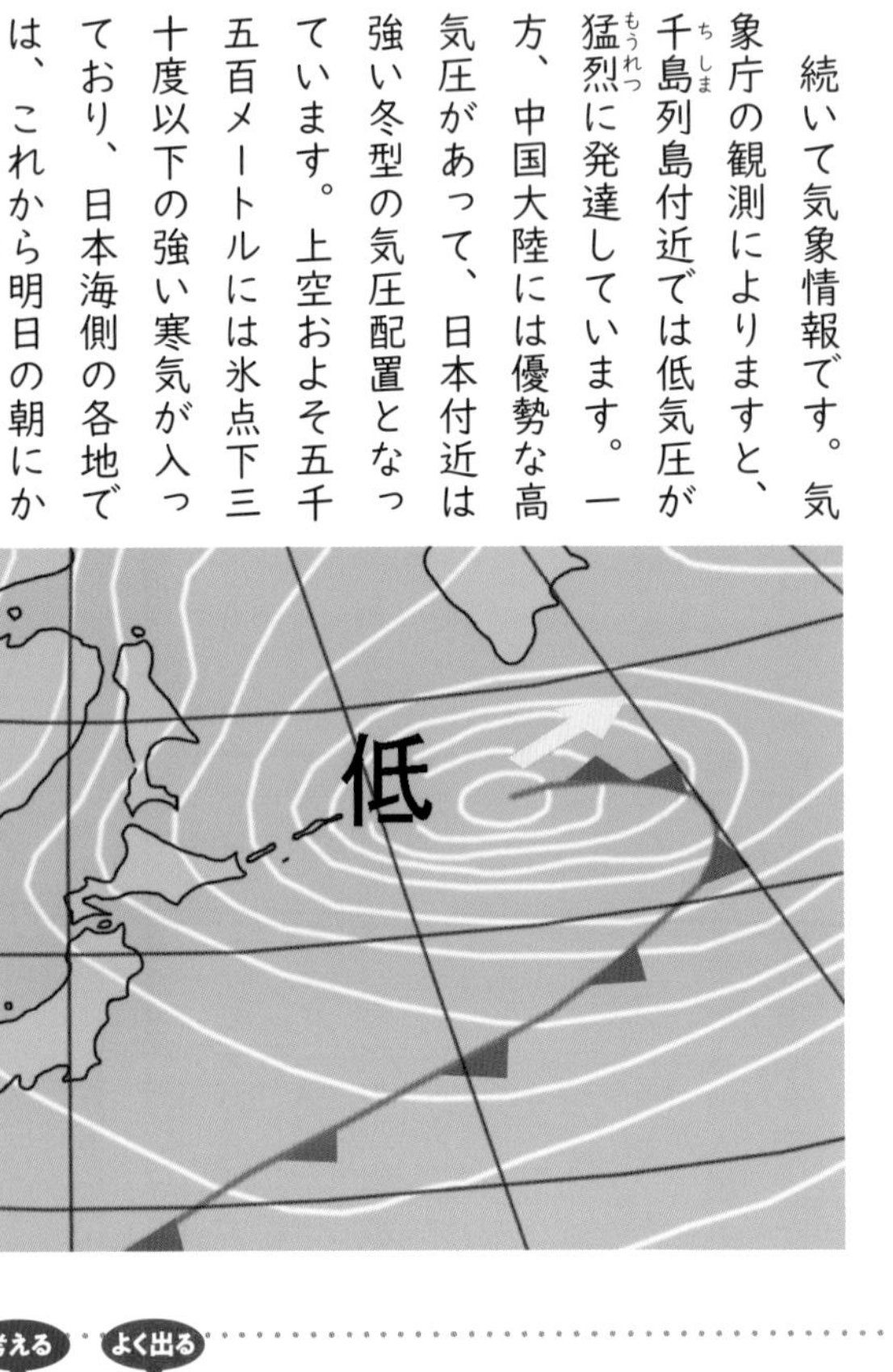

よく出る

(1)　――線①「いちばん聞きやすい速さ」について答えなさい。

①　日本語を話すときのいちばん聞きやすい速さは、どれくらいの速さですか。　10点

②　筆者は①の結論を、何から導いていますか。文章中から十字以内で抜き出しなさい。　10点

(2)　――線②「時計の秒針を見ながら」とありますが、なぜ時計の秒針を見ながら読むことを提案しているのですか。「～ため。」につながるように、八字以内で答えなさい。　10点

(3)　――線③「これ」の指す内容を文章中から探し、初めの三字と終わりの七字を抜き出しなさい。（句読点を含む。）　10点

(4)　――線④「話の表情」について答えなさい。

①　「話の表情」とは、どのようなことですか。当てはまらないものを次から一つ選び、記号で答えなさい。　5点

ア　話の起承転結。　イ　話の緩急。
ウ　話のテーマ。　エ　話の強弱。

②　①とは逆に、話が「無表情」とは、ここでは具体的にどういうことですか。文章中の言葉を使って答えなさい。　10点

よく出る

(5)　――線⑤「魅力的な話し方」とは、どんな話し方ですか。文章中の言葉を使って答えなさい。　10点

考える

(6)　この文章での筆者の主張はどういうことですか。「速さ」という言葉を使って書きなさい。　15点

多い所で七十センチから一メートルの大雪となる所があるでしょう。太平洋側の各地では晴れる所が多くなりますが、空気が非常に乾(かん)燥(そう)していますので、火の取り扱(あつか)いには十分ご注意ください。あさってからは、暖かい日と寒い日が交互(こうご)に現れるようになるでしょう。

③これを一分間で読むのです。この速さを練習してください。ゆっくりだなあ、あるいは、速いなあと感じるでしょうが、とにかく、この速さをつかんでください。人間の話には、起承転結があり、緩(かん)急(きゅう)があり、強弱があります。重要な部分の話はゆっくり、そうでないところは速くなるのが普通(ふつう)です。そのことを一言で「④話の表情」というとしますと、淡々(たんたん)と一分間に三百字の速さで話すのでは無表情です。無表情の人に魅力(みりょく)がないのと同じように、分かりやすい、聞きやすい、理解しやすい話にはなりません。話の内容に合った表情が必要です。ですから、三百字という速さは土台と考えてください。この速さで話せる土台があれば、話の表情を豊かにし、⑤魅力的な話し方ができるようになります。

これから皆(みな)さんは、教室だけではなく、いろいろな場で発言する機会が増えることと思います。聞き手によく分かるような話し方を工夫(くふう)していきましょう。

川上裕之「話し方はどうかな」〈「言葉のプロムナード」〉より

2 ——線の片仮名を漢字で書きなさい。　各5点

① 試合をチュウケイする。　② ゲンコウを書く。

③ 本にしおりをハサむ。　④ 気持ちをコめる。

1 (1) ①	1 (1) ②	1 (2)	1 (3)	1 (4) ①	1 (4) ②	1 (5)	1 (6)	2 ①	2 ②	2 ③	2 ④
		ため。	〜								

ぴたトレ1 要点チェック

日本語探検1 音声の働きや仕組み

解答 p.2

スタートアップ

音声の働き

- 音声…人が言葉を伝え合うときに使う音で、母音(ぼいん)と子音(しいん)がある。子音と母音を組み合わせ、数多くの語を作る。
- 母音…a・i・u・e・oの五個。
- 子音…k・s・g・pなどで表される音。

音節

- 音節…発音の単位。日本語では、子音一つと母音一つの組み合わせ、または母音一つで作られるのが基本。原則的に「あ・さ」などの仮名文字一つで表される。
- 促音(そくおん)…「はっぱ」などの「っ」で表される音。
- 撥音(はつおん)…「てん」などの「ん」で表される音。
- 長音…「そうじ」「とおり」「ケーキ」などの「う」「お」「ー」で表されるような音。
- 拗音(ようおん)…「ばしょ」などの「ゃ」「ゅ」「ょ」が付いて表される音。二文字で一つの音節とされる。

アクセントとイントネーション

- アクセント…語ごとに決まっている、音の高低の配置。
- イントネーション…文の末尾が、上がるか下がるかという調子のこと。

1 これまでに習った漢字　読み仮名を書きなさい。

①音節（　　）　②基本（　　）　③原則（　　）　④俳句（　　）
⑤配置（　　）　⑥医師（　　）　⑦通常（　　）　⑧質問（　　）

2 重要語句　正しい意味を下から選び、記号で答えなさい。

①（　　）発音　　ア　割り当てられた持ち場や位置。
②（　　）単位　　イ　音の高低・速さなどの具合。
③（　　）配置　　ウ　最後。終わり。
④（　　）末尾(まつび)　　エ　言語の音声を発すること。
⑤（　　）調子　　オ　数値で表すとき、比較(ひかく)の基準となるもの。

この単元を理解するために必要な語句だよ。しっかりと押(お)さえよう。

ぴたトレ 2

練習

日本語探検1 音声の働きや仕組み

解答 p.2

1 次の音節をローマ字で書き、子音と母音に分けなさい。

例 か → (k) + (a)
　　　　(子音)　(母音)

① て →(　)+(　)　② べ →(　)+(　)

③ の →(　)+(　)　④ む →(　)+(　)

⑤ ざ →(　)+(　)　⑥ り →(　)+(　)

2 次の言葉にはア〜エのどの音節が入っていますか。入っているものを後から全て選び、記号で答えなさい。(同じ音節が複数ある場合も、記号は一回だけ書けばよい。)

① ホットケーキ

② 幼稚園児(ようちえんじ)

③ 宇宙旅行

④ ショベルカー

ア 促音　**イ** 撥音　**ウ** 長音　**エ** 拗音

3 アクセントとイントネーションについて答えなさい。

(1) 「みち」「しろ」という言葉を次のように発音すると、**ア**・**イ**のどちらの意味になりますか。それぞれ記号で答えなさい。

① (み ち)
ア 道　**イ** 未知

② (し ろ)
ア 白　**イ** 城

(2) 次の——線はどのようなイントネーションで話すとよいですか。後から一つずつ選び、記号で答えなさい。

① 「明日は晴れるようです。」と教えた。

② 友人に「明日は何時に集合する。」と聞いた。

③ 田中さんに「山田さんはまだ来ていない。」と報告した。

ア 文の末尾を上げて話す。

イ 文の末尾を下げて話す。

1 ①	**1** ②	**1** ③	**1** ④	**1** ⑤	**1** ⑥	**2** ①	**3** (1)	**3** (2)
+	+	+	+	+	+	① ② ③ ④	① ②	① ② ③

ぴたトレ 1 要点チェック

詩の心――発見の喜び

嶋岡晨（しまおかしん）

解答 p.2

1 新しく習った漢字 読み仮名を書きなさい。

①素直（　） ②素朴（　） ③技巧（　） ④悠然（　）
⑤隠れる（　） ⑥新鮮（　） ⑦驚く（　） ⑧涙（　）
⑨詰まる（　） ⑩真剣（　） ⑪結核（　） ⑫三十歳（　）
⑬死骸（　） ⑭比喩（　）

2 重要語句 正しい意味を下から選び、記号で答えなさい。

①（　）技巧
②（　）悠然
③（　）切羽詰まる
④（　）痛ましい

ア ゆったりと落ち着いている様子。
イ 技術的な工夫（くふう）。
ウ たいへんかわいそうな様子。
エ 期限などがせまってどうにもならなくなる。

3 詩の基本知識

① 詩の種類について、（　）に入る言葉を後から選びなさい。
「雲」「虫」「土」の詩は、全て（　）で書かれており、形式は（　）に分類される。

口語　文語　定型詩　自由詩

・「文語」…古い時代の言葉。
・「口語」…今の話し言葉に近い言葉。
・「定型詩」…音数に決まりのある詩。
・「自由詩」…音数にとらわれない詩。

使われている用語と音数の決まりで詩の種類を見分ける。

② 詩の表現技法について、（　）に入る言葉を書きなさい。
「土」の詩では、蟻（あり）が蝶（ちょう）の羽をひいて行く様子を「（　）」にたとえている。このような表現技法を「比喩」という。

得点UPポイント

筆者の詩に対する考え方をつかむ！

☑三編の詩を題材に、筆者の詩の読み味わい方が説明されている文章である。
☑「詩の心」とは何かを捉（とら）えよう。

左の文章では、「虫」という詩の読み味わい方が書かれているよ。

詩の心――発見の喜び

タイムトライアル 8分

解答 p.2

1 読解問題 文章を読んで、問いに答えなさい。

教科書25ページ6行～26ページ5行

①詩の心における「感じる作業」とは、日常見慣れたり聞き慣れたりしているものに、改めて新しい反応を示し、驚くことだといえるでしょう。言い換えれば、ものを表面的にただ「美しい」とか「寂しい」とか感じるのでなく、より深く感じることです。

虫　八木重吉

虫が鳴いてる
いま　ないておかなければ
もう駄目だというふうに鳴いてる
しぜんと
涙をさそわれる

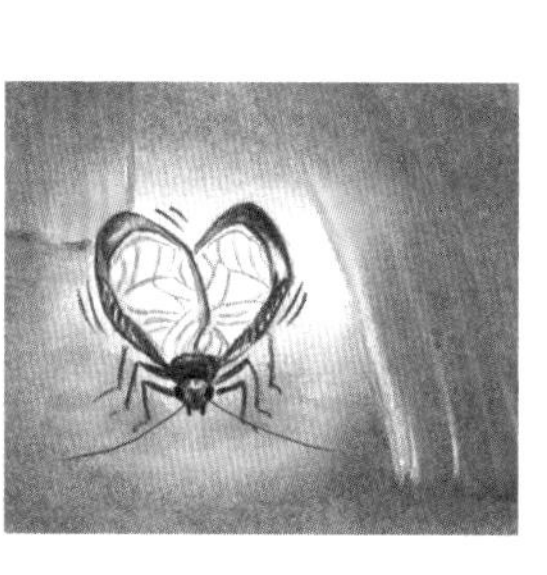

秋の夜、虫の声を耳にして、それを「いま　ないておかなければ……」という切羽詰まった、真剣な命の声と聞く、②この深い感じ方が、「虫が鳴いてる」という単純な事実を感動的なものにしているのです。作者の八木重吉は、結核のため僅か三十歳で世を去りました。この詩には、自身の短命を予感した③作者の痛ましい実感も籠もっています。

嶋岡 晨「詩の心――発見の喜び」〈「詩のたのしさ」〉より

(1) ――線①「詩の心における『感じる作業』」とは、どんなことですか。次から一つ選び、記号で答えなさい。

ア　めずらしい対象を見つけ出して、その魅力を的確に捉えること。

イ　ありふれたものにも今までになかった深い感じ方をすること。

ウ　新しいものに対し、知っているものとの共通点を感じること。

（　　）

ヒント 「言い換えれば」という言葉の後に着目しよう。

(2) ――線②「この深い感じ方」とは、どんな感じ方ですか。次の文の□に当てはまる言葉を文章中から抜き出しなさい。

□を、「いま　ないておかなければ」という切羽詰まった、□と聞く感じ方。

(3) ――線③「作者の痛ましい実感」とは、どういうことですか。次の文の□に当てはまる言葉を文章中から抜き出しなさい。

自身が□であるという予感が、ありふれた秋の虫の声を、□ものに聞こえさせるということ。

ヒント 「虫」の詩のどこに「痛ましい実感」が感じられるか読み取ろう。

ぴたトレ1 要点チェック

文法の窓1 文法とは・言葉の単位

解答 p.3

1 これまでに習った漢字 読み仮名を書きなさい。

①好み（　） ②従う（　） ③談話（　） ④不自然（　）
⑤失う（　） ⑥友達（　） ⑦役割（　） ⑧品詞（　）

2 重要語句 正しい意味を下から選び、記号で答えなさい。

①（　）渋滞（じゅうたい）　ア 二つ以上のものが一つになること。
②（　）文の成分　イ 一つの文を構成している要素。
③（　）感嘆符（かんたんふ）　ウ 足りないところをおぎなうこと。
④（　）補助　エ 道路が混雑し、先へ進めないこと。
⑤（　）合体　オ 感動・驚（おどろ）き・興奮などの感情を表す「！」という符号。

スタートアップ

文法とは

文を作るときの決まり。文法を考えるには、言葉を単位に分けて考える必要がある。

言葉の単位

言葉の単位には、大きいほうから順に次のものがある。

- 文章…文が集まって、まとまった内容を表したもの。特に書いたものを「文章」、話したものを「談話」という。
- 段落…文章の中での、内容によるひとまとまり。普通（ふつう）は書きだしを一字下げる。
- 文…まとまった事柄（ことがら）や考えを表した、言葉の連なり。書き言葉では、終わりに「。」（句点）などが付く。
- 文節…文を読んだときに、言葉として不自然にならないようにできるだけ小さく区切ったひとまとまり。「ね」などを入れて確かめることができる。

例 富士山（ふじさん）は（ね）／とても（ね）／高い。（ね）→三つの文節からなる。

- 単語…文法上の最小の単位。それ以上区切ると、意味や働きが失われてしまうもの。

例 富士山／は／とても／高い。→四つの単語からなる。

タイムトライアル 8分

解答 p.3

1 次の文章の①段落と②文の数を、それぞれ漢数字で書きなさい。

　ある日のことでございます。お釈迦様は極楽の蓮池のふちを、ひとりでぶらぶらお歩きになっていらっしゃいました。池の中に咲いている蓮の花は、みんな玉のようにまっ白で、そのまん中にある金色の蕊からは、なんとも言えないよいにおいが、絶え間なくあたりへあふれております。極楽はちょうど朝なのでございましょう。

　やがてお釈迦様はその池のふちにおたたずみになって、水の面をおおっている蓮の葉の間から、ふと下のようすをご覧になりました。

（芥川龍之介「蜘蛛の糸」より）

2 文・文節・単語について答えなさい。

(1) 次の文の切れ目に「。」（句点）を付けなさい。

今日はいい天気だ空が青いそよ風がふいている

(2) 次の中から、文節の区切り方の正しいものを一つ選び、記号で答えなさい。

ア 夏休みは／やっぱり海水浴に限ると／思った。

イ 夏休みは／やっぱり／海水浴に限ると／思った。

ウ 夏休みは／やっぱり／海水浴に／限ると／思った。

エ 夏休みは／やっぱり／海水浴に限る／と／思った。

(3) 次の各文の文節の区切り目に／を書きなさい。

① ジュースをごくごくと飲む。

② 山本君と石川君は大の仲良しだ。

③ 明日はきっといいことがあるよ。

(4) 次の各文の単語の区切り目に／を書きなさい。

① 鳥が空を飛ぶ。

② 私は今日のことを忘れない。

③ 君はなぜそんなことをしたの。

④ 明日は雪が降るようだ。

1

①

②

2

(1) 今日はいい天気だ空が青いそよ風がふいている

(2)

(3)

① ジュースをごくごくと飲む。

② 山本君と石川君は大の仲良しだ。

③ 明日はきっといいことがあるよ。

(4)

① 鳥が空を飛ぶ。

② 私は今日のことを忘れない。

③ 君はなぜそんなことをしたの。

④ 明日は雪が降るようだ。

ぴたトレ 1
要点チェック

漢字道場1　活字と書き文字・画数・筆順

解答 p.3

1 新しく習った漢字　読み仮名を書きなさい。

①筆遣い（　）②違い（　）③玄関（　）④芝生（　）
⑤外科（　）⑥傍線部（　）⑦乙女（　）⑧克己心（　）
⑨弓道（　）⑩氏神（　）⑪机上（　）⑫卵黄（　）
⑬革製品（　）⑭耳鼻科（　）⑮三角州（　）⑯入荷（　）
⑰分泌（　）

2 重要語句　正しい意味を下から選び、記号で答えなさい。

①（　）貫く　ア 細胞が物質を外へ排出すること。
②（　）克己心　イ 突き通す。
③（　）分泌　ウ 自分の欲望などを抑える心。

スタートアップ

活字と書き文字

活字には次のような種類がある。

①明朝体…一般の印刷物によく使われる。例 周
②ゴシック体…見出しや強調したい部分に使われる。例 周
③教科書体…書き文字の筆遣いや形をまねたもの。小学校の教科書などに使われる。例 周

画数

漢字を組み立てている点や線の数。

例 外…五画　例 卵…七画

筆順

漢字を書くときの筆運びの順序。

〈筆順の大原則〉

①上から下へ…例 三・意
②左から右へ…例 川・術
③中から左右へ…例 小・水
④外側から内側へ…例 内・園
⑤文字全体を貫く縦画や横画は最後…例 半・女

ぴたトレ **2** 練習

漢字道場1 活字と書き文字・画数・筆順

タイムトライアル 8分

解答 p.3

1 活字について答えなさい。

(1) 次の活字の説明として正しいものを後から選び、記号で答えなさい。

① 明朝体　② ゴシック体　③ 教科書体

ア 書き文字の筆遣いや形をまねた書体。
イ 一般の印刷物によく使われる書体。
ウ 見出しや強調したい部分に使われる書体。

(2) 次の活字の種類は何か。後から一つずつ選び、記号で答えなさい。

① 返　② 返　③ 返

ア 明朝体　**イ** ゴシック体　**ウ** 教科書体

2 次の漢字の画数をそれぞれ漢数字で答えなさい。

① 弓　② 収　③ 糸　④ 孫
⑤ 遊　⑥ 派　⑦ 陛　⑧ 延
⑨ 陽　⑩ 片　⑪ 遺　⑫ 吸

3 漢字の筆順について答えなさい。

(1) 「臣」の筆順として正しいものを選び、記号で答えなさい。

ア 一 厂 厂 円 戸 戸 臣
イ 一 ㇐ 𠀃 ヨ 王 臣
ウ ｜ 厂 厂 円 戸 戸 臣

(2) 次の漢字の一画目を、それぞれ太くなぞりなさい。

① 革　② 興　③ 非　④ 必

(3) 次の漢字の太い部分は、何画目に書きますか。それぞれ漢数字で答えなさい。

① 卯　② 飛　③ 母　④ 北

1		2				3			
(1)	(2)	①	④	⑦	⑩	(1)	(2)	(3)	
①	①	画	画	画	画		① 革	① 画目	③ 画目
②	②	② 画	⑤ 画	⑧ 画	⑪ 画		② 興	② 画目	④ 画目
③	③	③ 画	⑥ 画	⑨ 画	⑫ 画		③ 非		
							④ 必		

ぴたトレ 1
要点チェック

飛べ　かもめ

杉みき子

解答 p.4

1 新しく習った漢字　読み仮名を書きなさい。

① 鈍行（　　）　② 曇る（　　）　③ 人影（　　）　④ あの頃（　　）
⑤ 貼る（　　）　⑥ 座る（　　）　⑦ 頼り（　　）　⑧ 握る（　　）
⑨ 僕（　　）　⑩ 意気地（　　）　⑪ 次第（　　）　⑫ 振る（　　）
⑬ 行方（　　）　⑭ 甘える（　　）　⑮ 怠ける（　　）　⑯ 砂浜（　　）
⑰ 瞳（　　）　⑱ 戻す（　　）　⑲ 虹（　　）

2 重要語句　正しい意味を下から選び、記号で答えなさい。

①（　）放心　　ア 心を奪われて、ぼんやりすること。
②（　）錯覚　　イ 恥ずかしくて、顔をあかくすること。
③（　）赤面　　ウ 勘違い。思い違い。

3 場面設定　物語の登場人物・時・場所を書きなさい。

① 登場人物
・（　　）…物語の中心人物。成績が下がってきたのを母親に注意されたのがおもしろくなく、誰にも言わずに、家を出てきた。
・（　　）…列車と同じ速度で羽ばたいている。その懸命さが、少年の気持ちを変化させる。

② 時
・（　　）の初め。どんよりと曇った昼過ぎ。

③ 場所
・海沿いに走る（　　）の中。

得点UPポイント

情景描写や登場人物の言動に注意する！

☑ 登場人物の思いは、言葉や行動・態度だけでなく、情景（場面の様子）にも描かれる。
☑ 登場人物の言動や情景描写から読み取れる少年の心情の変化を捉えよう。

左の文章では、少年の行動や様子に思いが表れているよ。

ぴたトレ 2

練習

飛べ　かもめ

1 読解問題　文章を読んで、問いに答えなさい。

教科書37ページ5行～38ページ9行

しみ？　いや、かもめだ。かもめが一羽、全身の力を込めて激しく羽ばたきながら、列車と同じ方向に、まっすぐに飛んでゆく。そうと悟りながら、少年はまたも、①それが何かのしみではないか――紙切れか何かが、外側からぴったり窓ガラスに貼り付いているのではないか、と疑った。そんな錯覚を起こさせるほど、その鳥影は、窓ガラスの同じ位置にぴったり貼り付いて――ということはつまり、走っている列車と全く同じ速度で、必死に羽ばたいていたのである。

一分、二分。鳥影は、なおも同じ位置に貼り付いている。この列車に、この少年に、抜き差しならぬ用でもあるかのように。

しかも――少年はふと気づいて、②我知らず赤面した。自分は、暖房の効いた列車の中に、のんびりと座っている。あの鳥は、自分の翼で羽ばたくことによってしか、前に進めない。だから、あの鳥は、懸命に羽ばたいている。前進している。自分の意志と力だけを頼りに。

少年は、③鳥から目が離せなくなった。無意識に拳を握りしめ、頑張れ、頑張れ、と小さな声を立てた。列車なんかに負けるな、僕なんかに負けるな。この意気地なしの僕なんかに――。

杉　みき子「飛べ　かもめ」〈「小さな町の風景」〉より

---

(1) ――線①「それが何かのしみではないか」とありますが、鳥が窓ガラスのしみのように見えたのはなぜですか。次の文の□に当てはまる言葉を文章中から抜き出しなさい。

鳥が、走っている列車と［　　　　　］で飛んでいたから。

ヒント　「ということはつまり」の後に着目しよう。

(2) ――線②「我知らず赤面した」とありますが、それはなぜですか。次の文の□に当てはまる言葉を文章中から抜き出しなさい。

鳥は懸命に自分の翼で羽ばたいて前進しているのに、自分は何もせず、暖房の効いた車内で［　　　　　］座っているから。

ヒント　鳥と自分を比べて少年がどんなことを思ったかをまとめよう。

(3) ――線③「鳥から目が離せなくなった」とき、少年はどんな気持ちでしたか。次から一つ選び、記号で答えなさい。

ア　鳥が懸命に飛ぶ理由が分からず、不思議に思う気持ち。
イ　列車に遅れずに飛ぶことのできる、鳥の力に驚く気持ち。
ウ　自分の力で懸命に飛ぶ鳥に感動し、応援する気持ち。

（　　）

ヒント　直後の少年の心の中の言葉から読み取ろう。

タイムトライアル　8分

解答 p.4

ぴたトレ 1 要点チェック

さんちき

吉橋通夫（よしはしみちお）

解答 p.4

1 新しく習った漢字 読み仮名を書きなさい。

①締まる（　） ②伸びる（　） ③弟子（　） ④天井（　）
⑤縛る（　） ⑥叫ぶ（　） ⑦彫る（　） ⑧寝る（　）
⑨怒鳴る（　） ⑩物騒（　） ⑪侍（　） ⑫吹く（　）
⑬響く（　） ⑭慌てる（　） ⑮肝心（　） ⑯黙る（　）
⑰削る（　） ⑱倒れる（　） ⑲闇（　） ⑳隣（　）
㉑生唾（　） ㉒鋭い（　） ㉓憎しみ（　） ㉔腕（　）

2 重要語句 正しい意味を下から選び、記号で答えなさい。

①（　）理屈（りくつ）　ア 悔（くや）しく思うこと。
②（　）無念　イ 物事の道理や筋道。

3 場面設定 物語の登場人物・時代を書きなさい。

① 登場人物
・（　）…車大工（くるまだいく）「車伝（くるまでん）」の弟子。八つのときに弟子入りして、五年。
・（　）…主人公が弟子入りした「車伝」の主人。

② 時代
・江戸（えど）時代末期で、幕府方と尊王攘夷（そんのうじょうい）派の（　）が敵対している頃（ころ）。

得点UPポイント

登場人物の思いに注意する！

☑「さんちき」は、親方とのやりとりによって三吉（さんきち）の思いが変化する物語である。
☑変化のきっかけとなった登場人物の言動を確かめながら読もう。

左の文章では、三吉が親方に怒鳴られているよ。

ぴたトレ
2
練習

さんちき

タイムトライアル 8分

解答 p.4

1 読解問題　文章を読んで、問いに答えなさい。

教科書45ページ11行～46ページ7行

ゆらゆらと燃える炎(ほのお)が車を照らし出す。①とたんに親方が怒鳴った。

「このあほう！　表に彫るやつがあるか。自分の名前は、人様の目(め)障(ざわ)りにならんように車の裏に彫るもんや。」

②「あっ、すんまへん。」

全く気がつかなかった。これでは自分の名前を見せびらかしているようなものだ。

「それに、こりゃ、③間違(まちが)えてるやないか。」

「えっ、どこが！」

慌てて一字一字ゆっくり見た。だけど、「き」の字が「キ」まで彫ってあり、あと「こ」が残っているだけで、別にどの字も間違っていない。

首をひねって考えていると、親方がまた怒鳴った。

「自分の名前も忘れたんか。上からゆっくり読んでみい。順番がまちごうてるやないか、順番が――。」

「えっ。」

よく見ると、そこには、

さ　ん　ち　き

と彫ってあった。

吉橋通夫「さんちき」より

(1) ――線①「とたんに親方が怒鳴った」とありますが、親方はなぜ怒鳴ったのですか。次の文の□に当てはまる言葉を文章中から抜(ぬ)き出しなさい。

三吉が、車の□に、□を彫ったから。

ヒント　すぐ後の親方の言葉から探そう。

(2) ――線②「あっ、すんまへん」と言ったとき、三吉はどんな気持ちでしたか。次から一つ選び、記号で答えなさい。

ア　せっかくのよい思いつきを親方にとがめられてつまらない。
イ　名前を彫ることに夢中になってしまい、うっかりした。
ウ　名前を彫ることなど自分にはまだ早いと後悔(こうかい)した。

（　　）

ヒント　「これでは…ものだ。」とあるのに注目しよう。

(3) ――線③「間違えてるやないか」とありますが、三吉が彫っていた名前はどのようになっていたのですか。文章中からそのまま抜き出しなさい。

（　　）

ヒント　親方が「順番が――。」と言っていることから考えよう。

ぴたトレ 3 確認テスト

さんちき

時間20分 ／100点 合格75点

解答 p.4

1 思考・判断・表現　文章を読んで、問いに答えなさい。

教科書49ページ20行～50ページ37行

「①侍に生まれんで、よかったな。」

「……。」

「あの侍の目は、死ぬ間際やちゅうのに、憎しみでいっぱいやった。侍たちは、やたらと殺しおうてばかりや。国のためやとか言うてるけど、殺し合いの中から、いったい何を作り出すというんじゃ。」

親方は、三吉が作った矢を握ってぐいと引いた。びくともしない。

「ええ仕上がりや。この車は何年持つと思う?」

三吉は、やっと口を開いた。

「二、三十年やろか。」

「あほう、百年や。」

「百年も!」

「わしらより長生きするんや。侍たちは、何にも残さんと死んでいくけど、わしらは車を残す。この車は、これから百年もの間、ずっと使われ続けるんや。」

「へええ。」

「へええやあらへん。おまえも、②その車大工の一人やないか。まだ半人前やけど。」

「半人前は、余分や。」

「余分のついでに、③今から百年先のことを考

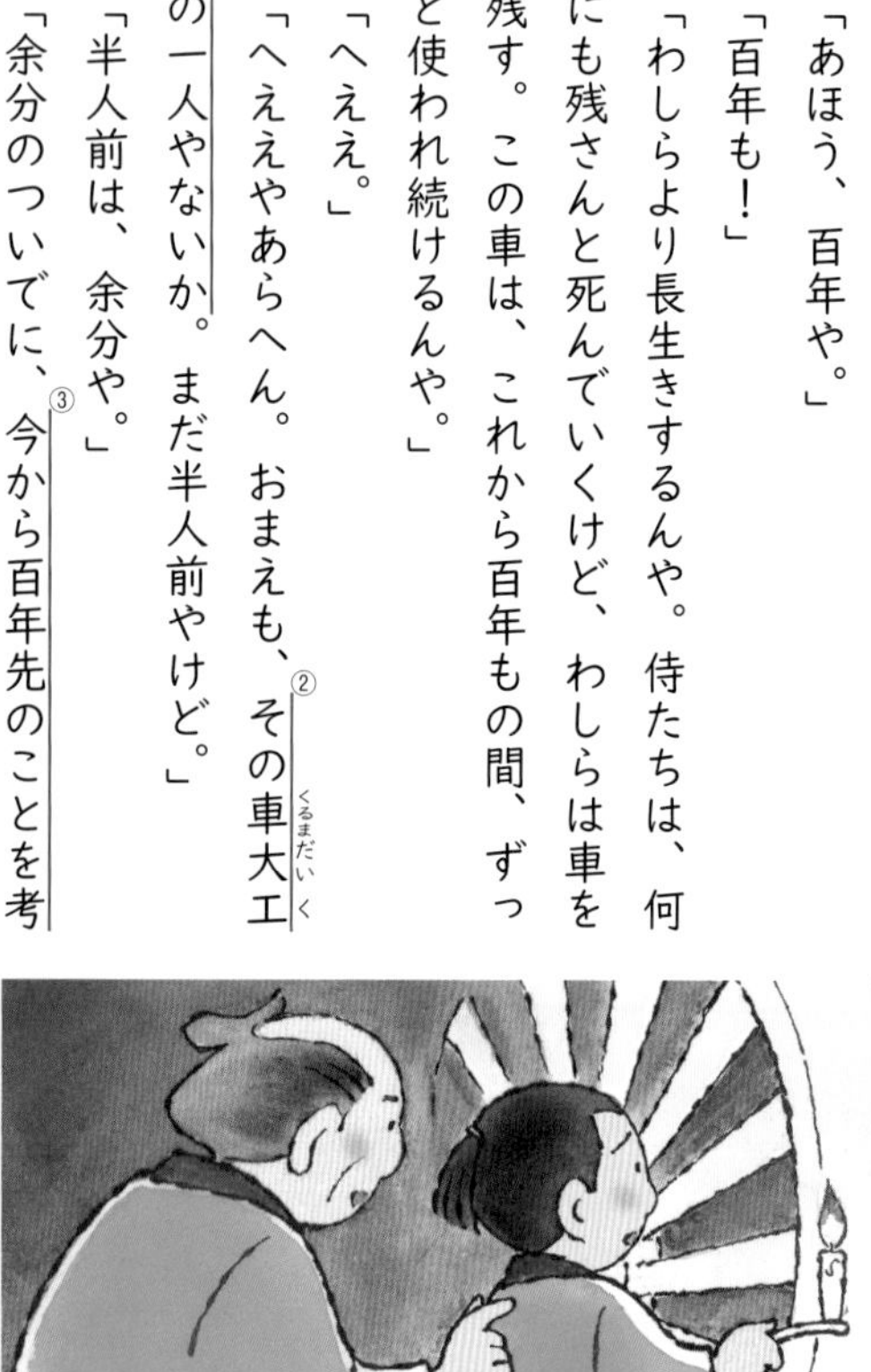

(1) ――線①について、次の問いに答えなさい。

① 親方は、侍の何を見て、このように言ったのですか。 5点

② 親方は、なぜこのように言ったのですか。「侍は、」に続けて書きなさい。 10点

(2) ――線②「その車大工の一人やないか」とありますが、親方は、侍と車大工の生き方の違いをどのように考えていますか。それが分かる一文の初めの八字を文章中から抜き出しなさい。(句読点を含む。) 5点

よく出る

(3) ――線③「今から百年先のことを考えてみよか」とありますが、親方が百年先も残っていると考えているものは何ですか。文章中の親方の言葉の中から四つ、それぞれ六字以内で抜き出しなさい。 各5点

(4) ――線④とありますが、親方は、百年後の見物人の言葉を借りて、三吉に対するどんな思いを伝えようとしているのですか。「車大工」という言葉を使って書きなさい。 15点

(5) ――線⑤「三吉は親方の腰をぎゅっと押した」とありますが、なぜそうしたのですか。一つ選び、記号で答えなさい。 10点

ア 親方が自分を馬鹿にしていると感じて、腹が立ったから。
イ 親方が調子に乗りすぎているので、恥ずかしくなったから。
ウ 親方の言葉に期待と励ましを感じ、照れくさくなったから。
エ 親方にとつぜんほめられて、有頂天になってしまったから。

考える

(6) ――線⑥「さんちきは、きっと腕のええ車大工になるで」とありますが、ここから三吉のどのような気持ちが分かりますか。「誇り」という言葉を使って書きなさい。 15点

えてみよか。世の中、どないなってるやろ。幕府が続いてるか、ほかの藩が天下を取ってるか分からん。けど、わしらみたいな町人の暮らしは、途切れんと続いてるやろ。祇園祭りも、町衆の力で毎年行われ、この車は、祭りのたびに、大勢の見物人の前をゴロゴロ引かれていく。ほいで、誰かが、今わしらの彫った字を見つけるんや。見つけて、こない言うかもしれへん。」

そこで親方は、腕を組み、声の調子を変えてしゃべりだした。

「④ほう、こりゃなんと百年も前に作った車や。長持ちしてるなあ。なになに『さんちき』か……。ふうん、これを作った車大工やな。ちょっと変わった名前やけど、きっと腕のええ車大工やったんやろなあ……。」

「親方――。」

⑤三吉は親方の腰をぎゅっと押した。怒られるかなと思ったけど、何も言われなかった。

「はっはっは、さあ、もう寝ろ。ろうそくがもったいないやないか。」

親方は、それだけ言うと、さっさと奥へ入ってしまった。

三吉は、ろうそくを吹き消そうとして、もう一度車を見た。

さ　ん　ち　き

と彫った字が、ろうそくの明かりの中に、ぼんやりと浮かんで見える。

「⑥さんちきは、きっと腕のええ車大工になるで。」

そっとつぶやいてから、思い切り息を吸い込んで、ろうそくの明かりをひと吹きで消した。

吉橋通夫「さんちき」より

2 ――線の片仮名を漢字で書きなさい。

① クラヤミが広がる。

② じっとダマる。

③ ひもでシバる。

④ ブッソウな話。

各5点

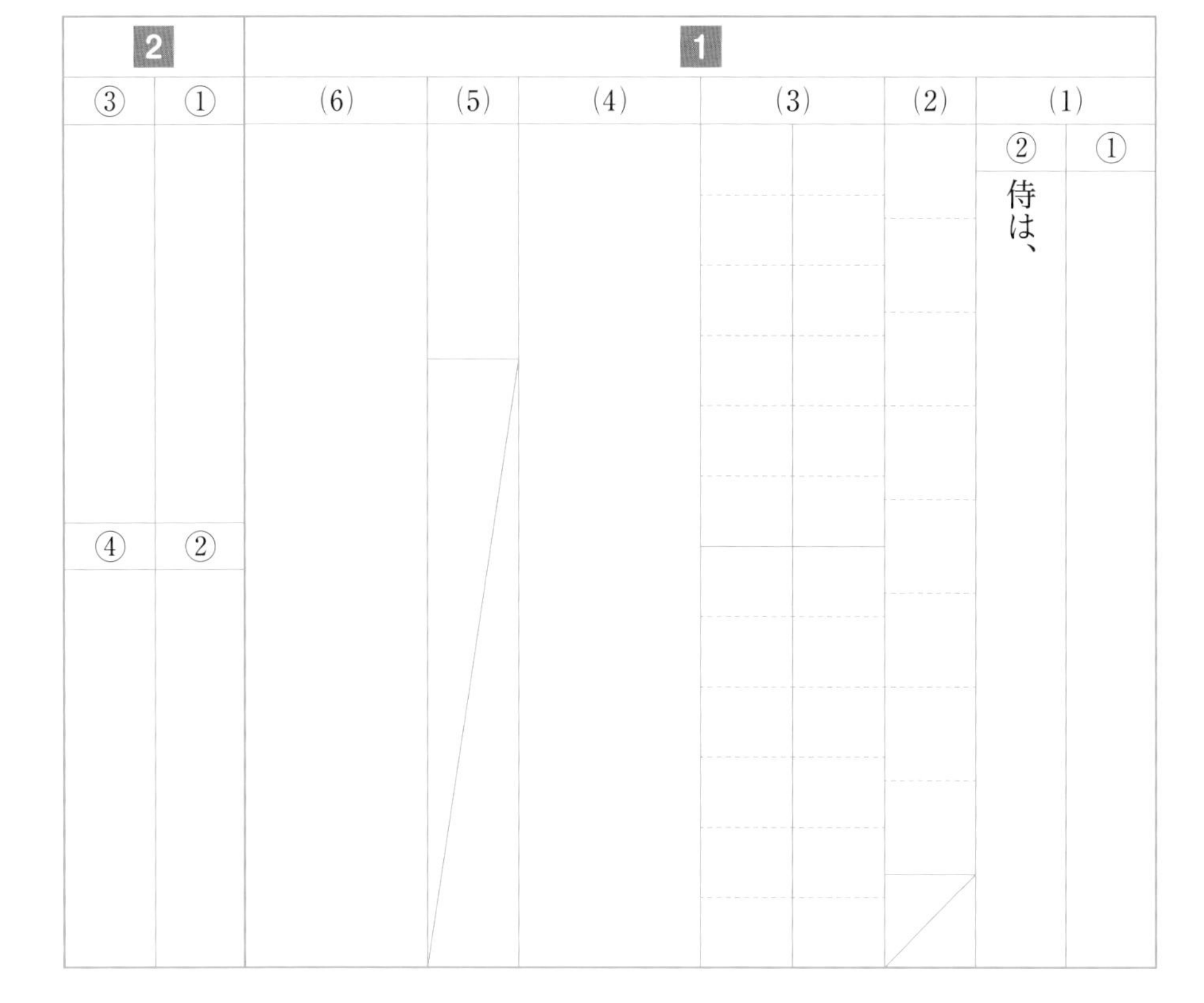

ぴたトレ 1

要点チェック

日本語探検2　接続する語句・指示する語句

解答 p.5

スタートアップ

接続する語句

働き	例
結論や根拠を表す	だから・したがって なぜなら・というのは
逆のことを述べる	だけど・しかし
言い換える	つまり・要するに
例を挙げる	例えば・一例として
付け加える	そして・それから
違う話題にする	ところで・さて

二つの文の関係をはっきりと表す働きをもつ言葉を「接続する語句」というよ。

指示する語句

	近称	中称	遠称	不定称
物事	これ	それ	あれ	どれ
場所	ここ	そこ	あそこ	どこ
方向	こちら こっち	そちら そっち	あちら あっち	どちら どっち
様子 状態	こう こんな	そう そんな	ああ あんな	どう どんな
限定	この	その	あの	どの

1 新しく習った漢字　読み仮名を書きなさい。

①寝坊（　　）　②根拠（　　）　③一般（　　）　④事柄（　　）　⑤ご無沙汰（　　）

2 重要語句　正しい意味を後から選び、記号で答えなさい。

①意気揚々（　）　②予測（　）　③幼なじみ（　）　④無沙汰（　）

ア　得意で誇らしげな様子。

イ　小さい頃に親しくしていた同年代の人。

ウ　訪問や連絡をしないこと。

エ　前もって推そくすること。

ぴたトレ
2
練習

日本語探検2 接続する語句・指示する語句

タイムトライアル 10分

解答 p.5

1 接続する語句について答えなさい。

(1) 次の（　）に当てはまる接続する語句を後から一つずつ選び、記号で答えなさい。

① 明日はテストだ。（　）、勉強しなくては。
② 来週からキャンプだ。（　）、準備をしていない。
③ これで宿題は終わった。（　）、夕食は何にしよう。
④ 午後は牧場に行きます。（　）、馬と遊びます。
⑤ 環境問題は深刻です。（　）、気温の上昇があります。

ア だから　**イ** そして　**ウ** でも
エ ところで　**オ** 例えば

(2) 次の――線の接続する語句が表す文と文の関係を後から一つ選び、記号で答えなさい。

① 友達の家に行った。けれども、彼は留守だった。
② 今日は遅刻した。なぜなら、遅くまで勉強していたからだ。
③ 今日も暑いね。ところで、昨日はどこに行っていたの。
④ 彼はクラスのまとめ役だ。要するに、クラス委員だ。
⑤ 畑には果物の木が多く植わっています。例を挙げると、びわや柿などです。
⑥ 先生に手紙を書いた。それから、ポストに出しに行った。

ア 前の文を言い換える。　**イ** 前の文の具体例を挙げる。
ウ 前の文の理由を示す。　**エ** 前の文と逆のことを述べる。
オ 前の文と違う話題を導入する。
カ 前の文に付け加える。

2 次の――線の指示する語句が指し示している部分を抜き出しなさい。

① 向こうの壁にかけた写真を見てください。あれは、修学旅行のときのものです。
② 全力をつくす。これが、私がいつも心がけていることだ。
③ 武田信玄と織田信長は、戦国時代の英雄だ。特に、後者は全国統一の基礎を作ったことで知られている。

1 (1) ①	1 (1) ②	1 (1) ③	1 (1) ④	1 (1) ⑤	1 (2) ①	1 (2) ②	1 (2) ③	1 (2) ④	1 (2) ⑤	1 (2) ⑥	2 ①	2 ②	2 ③

ぴたトレ1 要点チェック

オオカミを見る目

高槻成紀（たかつきせいき）

解答 p.5

1 新しく習った漢字 読み仮名を書きなさい。

①三匹（　　） ②伏せる（　　） ③賢い（　　） ④象徴（　　）
⑤捉える（　　） ⑥栽培（　　） ⑦襲う（　　） ⑧襲撃（　　）
⑨悪魔（　　） ⑩恐れる（　　） ⑪軸（　　） ⑫牧畜（　　）
⑬基盤（　　） ⑭稲作（　　） ⑮盛ん（　　） ⑯祈り（　　）
⑰草食獣（　　） ⑱撲滅（　　） ⑲江戸（　　） ⑳感染症（　　）
㉑普及（　　） ㉒崩す（　　） ㉓臆病（　　） ㉔爽やか（　　）

2 重要語句 正しい意味を下から選び、記号で答えなさい。

①（　　）いたずらに　　ア　むだに。
②（　　）心血を注ぐ　　イ　力をつくして行う。

3 内容理解 文章中の言葉を書きなさい。

話題
（　　　　）に対するイメージの違（ちが）いや変化について。

段落構成
第一のまとまり（1～4段落）…問い
①なぜ（　　　　）と日本でオオカミのイメージが違うのか。
②なぜ日本では、昔と今とでオオカミのイメージが変化したのか。
第二のまとまり（5～15段落）…問いに対する答え
・5～10段落…①の答え　・11～15段落…②の答え
第三のまとまり（16・17段落）…筆者の考え
人の考えや行いは（　　　　）によって異なり、また変化もしうることを心に留めてほしい。

得点UPポイント

文章の構成を押（お）さえる！

☑ 大きく三つのまとまりに分かれた文章である。
☑ 段落の役割や、段落どうしの関係に着目して、内容を読もう。

左の文章では、①の問いの答えについて述べているよ。

ぴたトレ 2 練習

オオカミを見る目

1 読解問題 文章を読んで、問いに答えなさい。

教科書63ページ9行〜64ページ9行

まず、なぜヨーロッパと日本とでオオカミのイメージが大きく違っていたのかを考えてみましょう。

ヨーロッパの農業は、麦を栽培し、ヒツジを飼って営まれてきました。当時の人々にとってヒツジは生活の糧(かて)でした。そして、まだ村の周りに森が残っていた時代には、森にすむオオカミがヒツジを襲って殺すことがよくありました。人々はオオカミの襲撃を防ごうといろいろな策を講じましたが、オオカミは賢い動物ですから、それを破ってヒツジを襲うこともありました。人々がこのようなオオカミを残酷(ざんこく)で悪い動物と思い、憎(にく)むようになったのは①当然のことです。また、キリスト教の影響(えいきょう)がたいへん強かった中世のヨーロッパでは、悪魔や魔女が本当にいると信じられていました。ですから、人々が憎み恐れたオオカミは悪魔のイメージと重ねられ、人々の想像も手伝って、いたずらに恐ろしい魔物に仕立てられていきました。

このように、ヨーロッパでは、ヒツジを軸(じく)にした牧畜を基盤とし、キリスト教の影響がたいへん強かったために、ヒツジを襲う②オオカミは悪魔のように見なされることとなったのです。

高槻成紀「オオカミを見る目」より

(1) ヨーロッパの人々にとって、ヒツジは何でしたか。文章中から四字で抜(ぬ)き出しなさい。

ヒント 「当時の人々にとって……」の一文から探そう。

(2) ——線①「当然」とありますが、何が当然なのですか。次から一つ選び、記号で答えなさい。

ア 策を破ってヒツジを襲うオオカミを人々が憎むこと。
イ 生活の糧であるヒツジを、何よりも大切にすること。
ウ 賢いオオカミが人間の策を破ってヒツジを襲うこと。

( )

ヒント 直前に書かれている内容に着目しよう。

(3) ——線②「オオカミは悪魔のように見なされることとなった」とありますが、それはなぜですか。二つ選び、記号で答えなさい。

ア ヒツジを守れない悔(くや)しさのはけ口となったから。
イ 生きるのに必要なヒツジをオオカミが襲うから。
ウ 悪魔や魔女にオオカミは悪だと言われたから。
エ キリスト教の悪魔のイメージと重なったから。

( ) ( )

ヒント 同じ段落から二つの理由を読み取ろう。

タイムトライアル 8分

解答 p.5

ぴたトレ 3 確認テスト

オオカミを見る目

時間20分 ／100点 合格75点 解答 p.6

1 思考・判断・表現 文章を読んで、問いに答えなさい。 教科書65ページ10行～67ページ12行

では、次に、なぜ日本ではオオカミのイメージがすっかり変化してしまったのかを考えてみましょう。

江戸時代の中頃、日本人のオオカミに対する見方を一変させる出来事が起こります。それは、海外から入ってきた狂犬病の流行です。狂犬病はイヌ科の動物がかかりやすい感染症で、発病した動物にかまれることによって人にも感染し、いったん発症すると数日間で死亡するという恐ろしい病気です。狂犬病にかかったオオカミは獰猛になり、何にでもかみつくようになるために、人をもよく襲いました。狂犬病のオオカミに襲われた人は、たとえそのときは命を落とさずにすんだとしても、後になって狂犬病を発症し激しく苦しんで死ぬこともあったのです。こうしたことから、①オオカミはにわかに忌まわしい動物となっていきました。

そして、明治時代になると、日本の社会は大きな変革期を迎えます。国は「富国強兵」をスローガンに近代化・軍国化を急ぎ、積極的に西洋の知識や価値観を取り入れました。そんな中、オオカミを悪者にしたヨーロッパの童話も入ってきました。うそをついてはいけないという教訓で有名な「オオカミ少年」などいくつかの童話は、当時の教科書にも掲載され、広く普及しました。②このことがオオカミのイメージをますます悪化させたと考えられます。

オオカミに対する見方のこうした変化を背景に、オオカミは害獣

(1) ――線①「オオカミはにわかに忌まわしい動物となっていきました」とありますが、その理由を表す言葉を、同じ段落の中から六字で抜き出しなさい。 10点

(2) ――線②「このこと」とは何を指しますか。次の文の□に当てはまる言葉を答えなさい。 15点

・ヨーロッパの知識や価値観を取り入れたことで、□こと。

よく出る (3) ――線③「オオカミにとって不利な条件」とは具体的にどのようなことですか。狂犬病の流行とヨーロッパの影響以外のことを文章中から抜き出しなさい。 15点

(4) ※の段落の説明として適切なものを次から一つ選び、記号で答えなさい。 10点

ア　これまで説明したことから考えた、筆者の主張を述べている。
イ　これまで説明したことをまとめ、筆者の主張につなげている。
ウ　これまでの説明とは逆の意見を述べ、説得力を持たせている。
エ　これまでの説明とは異なる視点から、あらためて論じている。

(5) この文章の構成を説明したものとして、適切なものを次から一つ選び、記号で答えなさい。 10点

ア　具体例の説明後、それを根拠とした主張が述べられている。
イ　先に疑問を提示し、最後に疑問に対する答えを述べている。
ウ　主張の根拠を明確にするため、筆者の体験例を挙げている。
エ　筆者の主張を最初に述べた後に、その理由を説明している。

考える (6) この文章での、筆者の主張はどういうことですか。「野生動物」「社会の状況」という言葉を使って書きなさい。 20点

として駆除の対象とされるようになっていきました。更に、感染症であるジステンパーの流行、開発による生息地の減少、食料であるシカの激減など、③オオカミにとって不利な条件が重なって、日本のオオカミはとうとう絶滅してしまったのです。

ところが、現在では、増えすぎたシカによる被害が日本中で問題になっているため、オオカミの絶滅が自然のバランスを崩し、シカの激増を招いてしまったという反省の声もあるのです。

※

こうしたオオカミの例は、野生動物に対する考え方が、その社会によっていかに強い影響を受けるかをよく示しています。日本とヨーロッパでは、同じ農業を営んでいても、その在り方が違ったために、オオカミに対する見方が正反対のものになってしまったのです。そして、更に注目されるのは、社会の状況の変化によってそれがまた変わりうるということです。日本におけるオオカミのイメージの変化は、まさにそのことを示しています。

このように、人の考えや行いは、置かれた社会の状況によって異なりもするし、また変化もしうるのだということを、心に留めておいてください。

高槻成紀「オオカミを見る目」より

2 ――線の片仮名を漢字で書きなさい。 各5点

① 敵を待ちブせする。
② 生活のキバンを立て直す。
③ 植物をサイバイする。
④ 無事をイノる。

1 (1)	1 (2)	1 (3)	1 (4)	1 (5)	1 (6)	2 ①	2 ②	2 ③	2 ④

ぴたトレ 1 要点チェック

文法の窓2 文の成分・連文節

解答 p.6

1 これまでに習った漢字 読み仮名を書きなさい。

①（　　）激しい　②（　　）降る　③（　　）深夜　④（　　）宝物

2 重要語句 正しい意味を下から選び、記号で答えなさい。

①（　　）修飾（しゅうしょく）　ア さかさまにおくこと。
②（　　）倒置（とうち）　イ 物事の全体を支える仕組み。
③（　　）骨組み　ウ 二つ以上のものがならびたつこと。
④（　　）補う　エ 足りないところを埋（う）めること。
⑤（　　）並立（へいりつ）　オ ある語句によって、他の語句の表す内容を詳（くわ）しくすること。

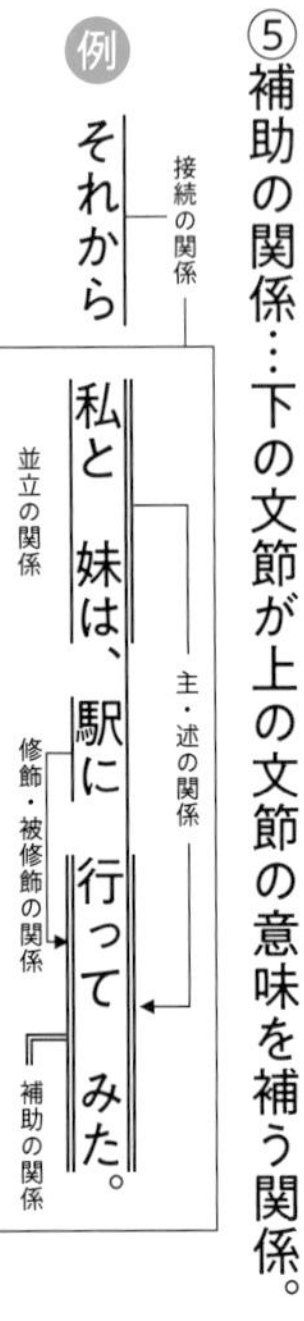

スタートアップ

文の成分・連文節

①主語…「何（誰（だれ））が」に当たる文節。
②述語…「何（誰）だ」「どんなだ」「どうする」「ある（いる・ない）」に当たる文節。
③修飾語…「何を・いつ・どこで」など他の部分を詳しくする文節。
④接続語…文と文、文節と文節をつないで関係を示す文節。
⑤独立語…他の文節と直接関係なく、単独で働く文節。

例 ええと、（独立語）それから、（接続語）私は（主語）駅に（修飾語）行った。（述語）

● 連文節…二つ以上の文節がまとまって、一つの文の成分の働きをするもの。

文節どうしの関係

①主・述の関係…主語（主部）と述語（述部）の関係。
②修飾・被（ひ）修飾の関係…修飾語と修飾される文節の関係。
③接続の関係…接続語（接続部）と、それを受ける文節（連文節）の関係。
④並立の関係…二つ以上の文節が対等に並ぶ関係。
⑤補助の関係…下の文節が上の文節の意味を補う関係。

例 それから（接続の関係）　私と 妹は、（並立の関係）（主・述の関係）　駅に 行って（修飾・被修飾の関係）　行って みた。（補助の関係）

文法の窓2 文の成分・連文節

タイムトライアル 8分

解答 p.6

1 文の成分・連文節について答えなさい。

(1) 次の文の主語と述語を抜き出しなさい。

① 僕(ぼく)は、友達と公園で遊んだ。
② 妹も、日曜日に映画を見る。

(2) ▢の文節が修飾している文節を選び、記号で答えなさい。

① ア僕は 川原を イゆっくりと ウ散歩した。
② アとても かわいい イ娘(むすめ)が ウにっこりと エ笑う。
③ アさわやかな イ風が そよそよと ウ吹(ふ)く。
④ きれいな ア星空を イ弟と ウ一緒(いっしょ)に エ眺(なが)める。

(3) 次の文から①は接続語、②③は接続部を抜き出しなさい。

① 青木さんは絵がうまく、しかも、ピアノも弾(ひ)ける。
② 山田君は音楽は得意だが、運動は苦手だ。
③ 雪が降ったので、外は一面真っ白だった。

(4) 次の▢の独立語が表す意味を後から一つずつ選び、記号で答えなさい。

① まあ、とてもきれいなペンダントね。
② バラ、それは私の思い出の花だ。
③ はい、準備ができたら出発します。
④ ねえ、ちょっと来てください。

ア 提示　**イ** 呼びかけ　**ウ** 応答　**エ** 感動

2 次の文の▢の文節どうしの関係を後から一つずつ選び、記号で答えなさい。

① 母は、野菜と 肉を 買った。
② 壁(かべ)に ポスターが 貼(は)って ある。
③ 動物園の トラが 出産した。
④ 外から 帰った 妹は まず 手を 洗った。

ア 主・述の関係　**イ** 修飾・被修飾の関係
ウ 接続の関係　**エ** 並立の関係　**オ** 補助の関係

1 (1) ①	1 (1) ②	1 (2)	1 (3) ①	1 (3) ②	1 (3) ③	1 (4)	2
主語	主語	①				①	①
述語	述語	②				②	②
		③				③	③
		④				④	④

ぴたトレ 1 要点チェック

漢字道場2 音読み・訓読み

解答 p.7

1 新しく習った漢字 読み仮名を書きなさい。

①基づく（　） ②桃（　） ③泡（　） ④兼ねる（　）
⑤便箋（　） ⑥万物（　） ⑦発足（　） ⑧強引（　）
⑨率直（　） ⑩風鈴（　） ⑪側溝（　） ⑫象牙（　）
⑬幻覚（　） ⑭芯（　） ⑮集う（　） ⑯優秀（　）
⑰勝る（　） ⑱傑作（　） ⑲基礎（　） ⑳割く（　）
㉑拭く（　） ㉒雑巾（　） ㉓汚れる（　）

2 重要語句 正しい意味を下から選び、記号で答えなさい。

①（　）古来　ア 昔から今まで。
②（　）発起　イ 思い立って新しい事を始めること。

スタートアップ

音読みと訓読み

● 音読み
漢字が伝わったときの中国語の発音に基づいた読み方。
例 森（シン） 南（ナン）
〈複数の音読みを持つ漢字〉 例 口（コウ・ク）

● 訓読み
日本語の言葉を、同じ意味の漢字に当てはめた読み方。
例 森（もり） 南（みなみ）
〈複数の訓読みを持つ漢字〉 例 好（この-む・す-く）

漢字を読む時の注意点

● 音と訓の一方の読み方しかない漢字もある。
例 漢（カン）・対（タイ・ツイ）…音読みのみ
畑（はた・はたけ）・峠（とうげ）…訓読みのみ

● 二字熟語はたいてい「音＋音」「訓＋訓」で読むが、「音＋訓」（重箱読み）、「訓＋音」（湯桶読み）もある。
例 森林（音＋音）・松林（訓＋訓）
番組（音＋訓）…重箱読み
手帳（訓＋音）…湯桶読み

「重（音）箱（訓）」、「湯（訓）桶（音）」だから、そのような呼び方をするんだよ。

漢字道場2 音読み・訓読み

タイムトライアル 8分

解答 p.7

1 次の言葉の説明として正しいものを後から一つずつ選び、記号で答えなさい。

① 音読み　② 訓読み　③ 重箱読み　④ 湯桶読み

ア 日本語の言葉を、同じ意味の漢字に当てはめた読み方。
イ 二字熟語の訓＋音の読み方。
ウ 漢字が伝わったときの中国語の発音に基づいた読み方。
エ 二字熟語の音＋訓の読み方。

2 **音読みと訓読みについて答えなさい。**

(1) 次の漢字の音読みを片仮名で、訓読みを平仮名で書きなさい。

① 延　② 困　③ 曲　④ 汗

(2) 次の意味になる音読みの二字熟語を作りなさい。

① 黄色い桃　② 美しい声
③ 最も多い　④ 傷を負う

(3) 次の――線の漢字の読みを、音読みは片仮名で、訓読みは平仮名で書きなさい。

① 自己・知己
② 存在・生存
③ お供する・供える
④ 治る・治める

3 次の熟語の読み方を後から一つずつ選び、記号で答えなさい。

① 王様　② 絵本　③ 夕食　④ 山桜
⑤ 客足　⑥ 樹木　⑦ 道順　⑧ 出口

ア 音＋音　**イ** 訓＋訓　**ウ** 音＋訓　**エ** 訓＋音

1

①	②	③	④

2

(1)

	①	②	③	④
音読み				
訓読み	びる	る	がる	

(2)

①	②	③	④

(3)

①	②	③	④
			る
		える	める

3

①	②	③	④	⑤	⑥	⑦	⑧

ぴたトレ 1 要点チェック

碑（いしぶみ）

制作・広島テレビ放送　構成・松山善三

解答 p.8

1 新しく習った漢字 読み仮名を書きなさい。

①爆弾（　　） ②柳（　　） ③架ける（　　） ④僚機（　　）
⑤偵察（　　） ⑥瞬間（　　） ⑦眠る（　　） ⑧震わせる（　　）
⑨雷鳴（　　） ⑩巨大（　　） ⑪逃げる（　　） ⑫土煙（　　）
⑬土砂（　　） ⑭埋まる（　　） ⑮掘る（　　） ⑯煎餅（　　）
⑰励ます（　　） ⑱渡る（　　） ⑲尋ねる（　　） ⑳封書（　　）
㉑遡る（　　） ㉒攻撃（　　） ㉓郊外（　　） ㉔徹する（　　）

2 重要語句 正しい意味を下から選び、記号で答えなさい。

①（　　）浅ましい　　**ア** 姿がひどくみすぼらしい。
②（　　）あてどもなく　　**イ** 何のめあてもなく。

3 話題 文章中の言葉を書きなさい。

① いつ
昭和二十年、（　　）月（　　）日。
② 出来事
（　　）に（　　）が落とされた。

4 登場人物 （　）に入る言葉を書きなさい。

① 広島二中の一年生（　　）人
…広島市の本川土手に集まる。原爆投下後、生きて家族と会えた者も、次々に亡くなる。
② 四人の先生
…被爆後も生徒たちに指示を出すが、全員亡くなる。
➡一人残らず（　　）した。

得点UPポイント

人物の行動や会話、心情に注目する！

☑「碑」は、戦争に関するテレビ局の番組の台本である。
☑登場人物の行動や会話に注目して読み、制作者の思いを読み取ろう。

左の文章では、二人の生徒の言葉から当時の状況が読み取れるよ。

ぴたトレ 2 練習

碑

タイムトライアル 8分

解答 p.8

1 読解問題 文章を読んで、問いに答えなさい。

教科書83ページ9行～84ページ13行

四学級の酒井春之君がお母さんに言い残したことです。

「そのとき、一瞬後ろを振り返ったら、れんがの塀が倒れるのが見え、逃げ遅れた友人がたくさんその土煙の中に消えた。」

岡田彰久君は、「腰まで土砂に埋まったが、気がついて、燃える砂を手で掘ってはい出た。」と言っております。

そのとき、①砂も燃えたのです。

＊＊

爆風の後、猛火が生徒を川に追いやり、新大橋の近くにあった雁木には、近くにいた地方義勇隊、女学生たち二千人が押しかけたといわれます。「屍の街」には、その当時のことが、こう書かれています。

もうどの人の形相も変わり果てたものになっている。川原の人は刻々に増え、重いやけどの人々で目立つようになった。初めのうちはそれがやけどとは分からなかった。火事になっていないのに、どこであんなに焼いたのだろう。②不思議な、異様なその姿は、恐ろしいのでなく、悲しく浅ましかった。煎餅を焼く職人が、あの鉄の天火で一様に煎餅を焼いたように、どの人も全く同じな焼け方だった。

制作・広島テレビ放送　構成・松山善三「碑」〈広島テレビ放送・台本「碑」〉より

(1) 爆弾による爆風の恐ろしさが分かる一文を探し、初めの五字を書きなさい。（符号は含まない。）

ヒント 風圧による被害だと考えられる描写を探そう。

(2) ――線①「砂も燃えた」から何が分かりますか。次から一つ選び、記号で答えなさい。

ア 土手の砂の燃えやすさ。
イ 爆弾の熱のすさまじさ。
ウ やけどを負った人々の被害の大きさ。

ヒント 燃えないはずの「砂」までもが「燃えた」わけを考えよう。

（　　）

(3) ――線②「不思議な、異様なその姿は、恐ろしいのでなく、悲しく浅ましかった」とありますが、この表現からどのようなことが分かりますか。次から一つ選び、記号で答えなさい。

ア 爆風と猛火に襲われても、いまだ人間の姿をとどめているということ。
イ ひどいやけどのため、もはや人間には見えない姿になり果てているということ。
ウ 激しいやけどを負っても、川に飛び込むことにより一命をとりとめたということ。

ヒント 「浅ましい」という言葉の意味から考えよう。

（　　）

ぴたトレ 3 確認テスト

碑(いしぶみ)

1 思考・判断・表現 文章を読んで、問いに答えなさい。

教科書89ページ16行〜90ページ38行

二十六キロ離(はな)れた呉(くれ)市から夜道を歩き通してこられた渋江茂樹(しぶえしげき)君のお母さんは午前五時、川土手で①息を引き取ったばかりのお子さんの遺体を発見しました。

「長男の顔は赤く焼けて腫(は)れ、指も焼けただれて死んでおりました。私の着く寸前に息を引き取ったのでしょう、頰(ほお)を流れた涙(なみだ)が、まだ乾(かわ)いてなくて、朝日にきらりと光っていました。川土手に着いたとき、まだ五人生きていたのですが、見る間に四人が死に、一人は兵隊が担架(たんか)にのせてどこかに連れていきました。」

本川(ほんかわ)の川土手では、遺体を探し当てたお母さんやお父さんのむせび泣く声が、絶え間ありませんでした。

＊＊

死に場所が分かった生徒もいますが、広島二中一年生の三百二十一人の半数近くは、遺体を見つけることができませんでした。つまり、行方(ゆくえ)不明なのです。

お父さん、お母さんは、②市内、郊外(こうがい)の救護所や死体収容所を、あてどもなく探しました。

家にたどり着いた子供にも、死期が近づきました。

佐伯(さえき)郡廿日市町(はつかいちちょう)で、酒井春之(さかいはるゆき)君は、七日朝、七時二十五分、お母さんにみとられて亡(な)くなりました。

「枕(まくら)もとに詰(つ)めかけた祖母を呼び、おじやおばに話しかけ、妹の手を取って、意識は、はっきりしておりました。『話は、明日、ゆっ

---

(1) ——線①「息を引き取ったばかりのお子さんの遺体を発見」とありますが、なぜ息を引き取ったばかりだと分かったのですか。文章中の言葉を使って答えなさい。 10点

(2) ——線②「市内、郊外の救護所や死体収容所を、あてどもなく探しました」とありますが、なぜですか。「〜たかったから。」の形で答えなさい。 10点

(3) ——線③「死ぬのでしたら、夜を徹してでも、話を聞くのでしたのに」とありますが、この言葉から分かる母親の気持ちを一つ選び、記号で答えなさい。 10点

ア 死ぬのなら息子の思いを全て受けとめておきたかった。
イ 死ぬのなら話をさせてでも苦しみを忘れさせてあげたかった。
ウ 死ぬのならずっと話をさせて意識を保たせてあげたかった。
エ 話させてずっと付き添(そ)えば死に際(ぎわ)に立ち会えたかもしれない。

よく出る
(4) ——線④「意味の深い言葉」について次の問いに答えなさい。
① これはどの言葉を指していますか。文章中から抜(ぬ)き出しなさい。 10点
② 山下明治君のお母さんは、この言葉から明治君のどんな思いを感じ取りましたか。 15点

(5) ——線⑤「広島二中の一年生、三百二十一人」のうち、遺体が見つからなかったのはどれくらいですか。文章中から抜き出しなさい。 5点

考える
(6) ——線⑥「広島二中の碑があるのを訪ねてください」という呼びかけには、筆者のどんな気持ちが込(こ)められていますか。考えて書きなさい。 20点

時間20分 ／100点 合格75点 解答 p.8

くり聞くから、今夜は静かに寝ようね。』となだめたのですが、『昼に川の中で十分寝たからいいよ。』と苦しそうにないのが何よりでした。③死ぬのでしたら、夜を徹してでも、話を聞くのでしたのに。」

大竹市の家で、五学級の山下明治君は四日目の九日、明け方、お母さんにみとられて亡くなりました。

「明治は、亡くなるとき、弟、妹の一人一人に別れの言葉を言い、私が、鹿児島のおじいさんに何と言いましょうか、と申しましたら、『りっぱに……。』と申しました。死期が迫り、私も思わず、『お母ちゃんもいっしょに行くからね。』と申しましたら、『後からでいいよ。』と申しました。そのときは無我夢中でしたが、後から考えますと、なんとまあ、④意味の深い言葉でしょうか。『お母ちゃんに会えたからいいよ。』とも申しました。」

五学級の桜美一郎君は、お父さん、お母さんに舟入救護所から吉島町の社宅に運ばれ、十一日、午前八時十分、亡くなりました。

八月六日が誕生日でした。

桜美一郎君が、広島二中の最後の死亡者でした。

＊＊

本川土手に整列した⑤広島二中の一年生、三百二十一人と四人の先生は、こうして一人残らず全滅しました。

＊＊

広島に行かれることがありましたら、平和公園の本川土手に、⑥広島二中の碑があるのを訪ねてください。その碑の裏には、いつも変わらぬ本川の流れを見つめて、全滅した広島二中の子供たちの名前が刻まれています。

制作・広島テレビ放送　構成・松山善三「碑」〈広島テレビ放送・台本「碑」〉より

2 ――線の片仮名を漢字で書きなさい。　各5点

① ヤナギの枝がゆれる。
② ライメイがとどろく。
③ トチュウで帰る。
④ 友人をハゲます。

1 (1)	1 (2)	1 (3)	1 (4) ①	1 (4) ②	1 (5)	1 (6)	2 ①	2 ②	2 ③	2 ④
	たかったから。									

ぴたトレ 1 要点チェック

私（わたし）のタンポポ研究

保谷彰彦（ほやあきひこ）

解答 p.9

1 新しく習った漢字　読み仮名を書きなさい。

①（　　）駆逐　②（　　）詳しい　③（　　）替わる　④（　　）謎
⑤（　　）粒　⑥（　　）枯れる　⑦（　　）速やか　⑧（　　）比較
⑨（　　）避ける　⑩（　　）誰　⑪（　　）行為　⑫（　　）柿
⑬（　　）値する　⑭（　　）箸　⑮（　　）閲覧

2 重要語句　正しい意味を下から選び、記号で答えなさい。

①（　　）在来　　ア　型。類型。
②（　　）駆逐　　イ　今までずっとあったこと。
③（　　）密接　　ウ　関係が深いこと。
④（　　）パターン　　エ　追い払（はら）うこと。

3 内容理解　文章中の言葉を書きなさい。

① 現在の日本のタンポポの種類

・（　　　　）タンポポ…最も身近な在来タンポポ。
・（　　　　）タンポポ…外来タンポポの一つ。今から百二十年以上前に日本に持ち込（こ）まれた。
・雑種タンポポ…外見はセイヨウタンポポにそっくりだが、違（ちが）う種類。

② 筆者が行った二つの実験

・各温度で種子がどれくらい（　　　　）するかを調べる実験。
・各温度での（　　　　）の生き残りやすさを調べる実験。

得点UPポイント

事実と考えを区別する！

・事実…実験などで示される確かなこと。
・考え…人によって異なることもある。
　① 推測…不確かな事実に対する考え。
　② 意見…ある事実に対する自分の考え。

左の文章から、筆者の「推測」や「事実」を探そう。

私のタンポポ研究

タイムトライアル 8分
解答 p.9

1 読解問題

文章を読んで、問いに答えなさい。

教科書100ページ16行〜101ページ10行

では、①高温で発芽しなかったカントウタンポポや雑種タンポポの種子は生きているのでしょうか。それとも、暑さのために枯れてしまったのでしょうか。

そこで、発芽しなかった種子を最も発芽率の高かった十六度に置いてみました。すると、どちらの種類のタンポポも、種子の大部分が速やかに発芽したのです。

つまり、カントウタンポポや雑種タンポポの種子には、高温では発芽せずに種子のまま過ごし、適温になると速やかに発芽する性質があったのです。

ここで、②日本の都市部を襲う夏の猛暑を想像しながら、セイヨウタンポポと雑種タンポポの芽生えの生き残りやすさについて考えてみましょう。

雑種タンポポの種子は二十五度以上になると発芽しにくくなるため、その種子の多くは夏には発芽せず、じっと種子のまま過ごすでしょう。これに対して、セイヨウタンポポの種子は三十四度でも発芽することから、夏でも発芽するでしょう。小さな芽生えの状態で、暑さの真っただ中にいると考えられます。

保谷彰彦「私のタンポポ研究」より

(1) ――線①「高温で発芽しなかった……枯れてしまったのでしょうか」について、次の問いに答えなさい。

① この疑問の答えを得るための実験が示された段落を探し、初めの三字を書きなさい。

② この疑問に対する答えとその根拠を述べた次の文の□に当てはまる言葉を文章中から抜き出しなさい。

カントウタンポポや雑種タンポポの種子は、□で は発芽せず、□になると発芽するので、生きている。

ヒント 実験内容とその結果が書かれた段落を探そう。

ヒント 二つ後の段落をよく読もう。

(2) ――線②「日本の都市部を襲う夏の猛暑」とありますが、筆者は、タンポポがどのような状態で猛暑の夏を過ごすと考えていますか。後からそれぞれ一つずつ選び、記号で答えなさい。

① 雑種タンポポ（　　）　② セイヨウタンポポ（　　）

ア 芽生えの状態。　イ 枯れた状態。
ウ 種子の状態。　エ 花が咲いた状態。

ヒント 最後の段落を読み、その理由も一緒に捉えよう。

ぴたトレ 3 確認テスト

私のタンポポ研究

時間20分
／100点
合格75点

解答 p.9

1 思考・判断・表現 文章を読んで、問いに答えなさい。

教科書101ページ5行～103ページ6行

ここで、日本の都市部を襲う夏の猛暑を想像しながら、セイヨウタンポポと雑種タンポポの芽生えの生き残りやすさについて考えてみましょう。

①雑種タンポポの種子は二十五度以上になると発芽しにくくなるため、その種子の多くは夏には発芽せず、じっと種子のまま過ごすでしょう。これに対して、②セイヨウタンポポの種子は三十四度でも発芽することから、夏でも発芽するでしょう。③小さな芽生えの状態で、暑さの真ったただ中にいると考えられます。

そうだとすれば、暑さの中で発芽するセイヨウタンポポは枯れやすく、涼しくなってから発芽する雑種タンポポは生き残りやすいのではないでしょうか。

そこで、次に、芽生えの生き残りやすさについて調べることにしました。特に注目するのは「セイヨウタンポポの芽生えは高温で生き残れるのか」ということです。もし生き残れるなら、セイヨウタンポポの種子が暑さの中で発芽しても、あまり問題はありません。しかし、もしも④セイヨウタンポポの芽生えが暑さに弱いのなら、都市部で子孫を残すことは難しいと予想されます。

発芽実験のときと同様に、三種類のタンポポを比較しました。まず、それぞれの種子を十六度で発芽させます。次に、温度を六度、十六度、二十四度、三十一度、三十六度の五段階に設定し、芽生え

よく出る
(1) ——線①「雑種タンポポの種子」、②「セイヨウタンポポの種子」とありますが、筆者はそれぞれのタンポポの夏の発芽についてどのように考察していますか。文章中の数字を使って書きなさい。 各10点

(2) ——線③「小さな芽生えの状態で、暑さの真ったただ中にいる」とありますが、このことから筆者はどのような疑問を持ちましたか。文章中から抜き出しなさい。 10点

(3) ——線④「セイヨウタンポポの芽生えが暑さに弱いのなら、都市部で子孫を残すことは難しいと予想されます」とありますが、このように予想するのはなぜですか。次から一つ選び、記号で答えなさい。 10点

ア 暑い都市部では、発芽できず芽生えの状態にならないから。
イ 都市部の暑さの中で発芽すると、すぐに枯れてしまうから。
ウ 涼しい場所で発芽するように、性質が変化していくから。
エ 都市部では、雑種タンポポの生き残る割合が高くなるから。

(4) ——線⑤「生き残った個体数を調べる」とありますが、高温で「生き残った個体数」が多いと、どういうことが言えますか。「芽生え」という言葉を使って書きなさい。 10点

よく出る
(5) ——線⑥「実験結果」とありますが、今回はどのような実験結果が出ましたか。「三十一度以上では、」に続けて、簡潔に答えなさい。 15点

考える
(6) (5)の実験結果から、どのような結論を出しましたか。理由を含めて、「セイヨウタンポポ」という言葉を使って書きなさい。 15点

を育てます。育て始めてから四週間がたったら、⑤生き残った個体数を調べるのです。

　今度も実験結果をグラフとともに見ていきましょう。六度から二十四度までは、どの種類のタンポポも大部分が生き残っていました。ところが、三十一度以上では、タンポポによって生き残る割合が異なったのです。三十一度でも、三十六度でも、雑種タンポポのほうが、セイヨウタンポポよりも生き残る割合が高くなりました。

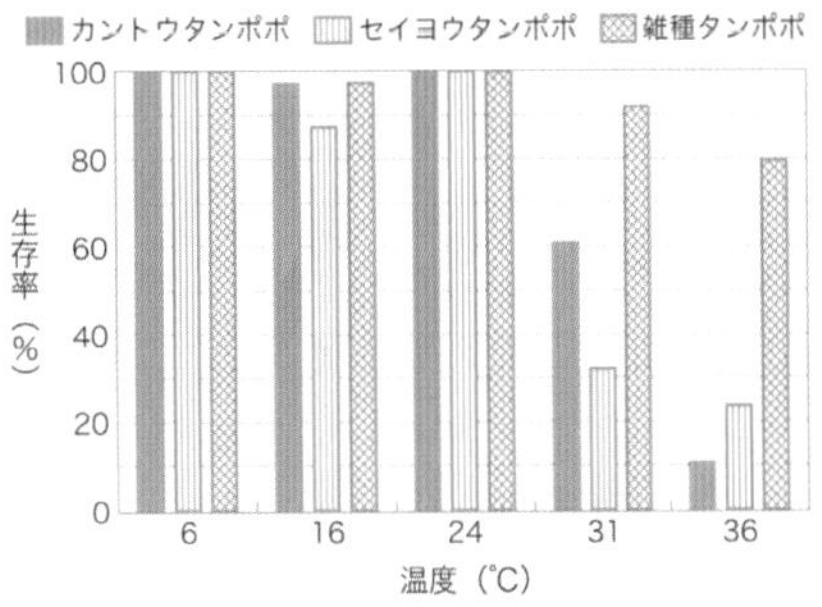

カントウタンポポ　セイヨウタンポポ　雑種タンポポ
生存率（%）
温度（℃）

各温度で生き残った芽生えの割合

　ここまでの二つの⑥実験結果から、もう一度、セイヨウタンポポと雑種タンポポの芽生えの生き残りやすさについて考えてみましょう。

　雑種タンポポの種子には夏の暑さを避けて発芽する性質があるということが分かりました。涼しくなってから発芽した雑種タンポポは、枯れずに成長するチャンスが高まるでしょう。しかも、もし暑さの中で発芽してしまったとしても、雑種タンポポの芽生えは高温にさらされながら生き残る可能性がありそうです。一方、セイヨウタンポポの種子は暑くても発芽します。しかし、その芽生えは暑さに弱いため、恐らく枯れてしまうことが多くなるでしょう。

　セイヨウタンポポと雑種タンポポでは、種子が作られる仕組みは同じです。しかし、ここまで見てきたような性質の違いによって、日本の都市部では、セイヨウタンポポよりも雑種タンポポのほうが生き残りやすいといえそうです。

保谷彰彦「私のタンポポ研究」より

2　——線の片仮名を漢字で書きなさい。　各5点

① 敵をクチクする。
② 彼は虫にクワしい。
③ 細かなツブ。
④ 資料をエツランする。

1 (1) ①	1 (1) ②	1 (2)	1 (3)	1 (4)	1 (5)	1 (6)	2 ①	2 ②	2 ③	2 ④
					三十一度以上では、					

グラフ：令和２年検定済 東京書籍 中国１年より

ぴたトレ1 要点チェック

日本語探検3 方言と共通語

解答 p.10

1 新しく習った漢字 読み仮名を書きなさい。

① 開催（　　　） ② 膨れる（　　　）

2 重要語句 正しい意味を下から選び、記号で答えなさい。

①（　　）秘伝　　**ア** しっかりと定着する。

②（　　）違和感　　**イ** 微妙な意味合い。

③（　　）ニュアンス　　**ウ** しっくりしない感覚。

④（　　）根差す　　**エ** 身分や財産などを受けつぐこと。

⑤（　　）継承　　**オ** 特定の人にだけ伝授されること。

スタートアップ

方言

● 意味や音声などで、他の地域と異なる言葉。
・家族や友達と話すとき、話し言葉で使われることが多い。＝ふだん着の言葉

例 靴をこうた。　めんこい子馬。

共通語

● 日本全国に共通する、主に東京の言葉をもとに作られてきた言葉。
・メディアや、書き言葉などで使われることが多い。
＝よそいきの言葉

例 靴を買った。　かわいい子馬。

現代における方言と共通語

● 方言が共通語の言い方に置き換えられるという変化が進んでいる。

● もともと方言だったものが、共通語に取り入れられる例もある。　例 しんどい・めっちゃ

● 方言にしかない意味を持つ言葉もあり、そのような言葉は代わりの共通語を見つけることが難しい。

例 「いずい」（北海道・東北地域の方言）
…「体に違和感がある」という意味。

ぴたトレ 2

練習

日本語探検3 方言と共通語

解答 p.10

1 次の言葉の説明を後から二つずつ選び、記号で答えなさい。

① 方言
② 共通語

ア メディアや書き言葉などで使われることが多い。
イ 地域により異なる。
ウ 東京の言葉がもとになっている。
エ それぞれの地域の中で、家族や友達と話すときに使われることが多い。

2 次の表の（　）に当てはまる言葉を下から一つずつ選び、記号で答えなさい。

方言	共通語
おおきに【大阪】	（①）
（②）【北海道】	寒い
じゃけん【広島】	（③）
（④）【関西】	買ってきた
ひって【福井】	（⑤）
（⑥）【沖縄】	いらっしゃい

ア だから
イ めんそーれ
ウ ありがとう
エ しばれる
オ こうてきた
カ とても

3 次の方言で表された文を共通語に直して書きなさい。

① そんなことをしたらあかん。
② 今年もぎょうさんリンゴがとれた。
③ いらない物をほかした。
④ 散らかったおもちゃを直す。

1		2						3			
①	②	①	②	③	④	⑤	⑥	①	②	③	④

ぴたトレ1 要点チェック

漢字道場3 漢字の部首

解答 p.10

1 新しく習った漢字 読み仮名を書きなさい。

①偏（　）②冠（　）③苗（　）④慕う（　）
⑤沼地（　）⑥安泰（　）⑦反抗（　）⑧雌（　）
⑨寛大（　）⑩抵当（　）⑪雄（　）⑫緯度（　）
⑬疾病（　）⑭猟（　）⑮襟（　）⑯質実剛健（　）

2 重要語句 正しい意味を下から選び、記号で答えなさい。

①（　）一般的（いっぱんてき）　ア 無事でおだやかなこと。
②（　）属する　イ ある分類に含（ふく）まれる。
③（　）応じる　ウ 外部の変化に合わせる。
④（　）安泰　エ 全体に広く行き渡（わた）っている様子。

スタートアップ

部首とその意味

漢字を組み立てている部分のうち、漢字をグループに分ける基準になるものを部首という。部首の多くは、きまった意味を表す。

- 偏…字の左側に付く。　例 言（ごんべん）
- 旁（つくり）…字の右側に付く。　例 刂（りっとう）
- 冠…字の上に付く。　例 冖（わかんむり）
- 脚（あし）…字の下に付く。　例 灬（れっか）
- 繞（にょう）…字の左から下。　例 廴（えんにょう）
- 垂（たれ）…字の上から左。　例 厂（がんだれ）
- 構（かまえ）…字の周り。　例 口（くにがまえ）

形の変化

現れる場所に応じて、形や呼び名が変わる部首がある。

例 灰（ひ）　焼（ひへん）　熱（れっか）

紛（まぎ）らわしい部首

違（ちが）う部首で、形が似ているものや同じものがある。

例 郷（おおざと）　階（こざとへん）

「灰」「焼」「熱」は、全て「火」に関係のある字だね。それぞれの部首の意味も考えてみよう。

ぴたトレ
2
練習

漢字道場3 漢字の部首

1 部首について答えなさい。

(1) 次の漢字の部首は何ですか。部首の形を書きなさい。

①防 ②雄 ③室 ④労
⑤益 ⑥起 ⑦庭 ⑧関

(2) 次の漢字の部首は、何に関係がある漢字に付きますか。後から一つずつ選び、記号で答えなさい。

①稲 ②宿 ③顔

ア お金 **イ** 頭部 **ウ** 住居 **エ** 穀物

(3) 次の漢字の部分に共通して付けることのできる部首は何ですか。後から一つずつ選び、記号で答えなさい。

①広・失・同 ②君・者・垂
③士・亡・中 ④米・反・告
⑤丁・予・付 ⑥由・合・寺

ア 广 **イ** 金 **ウ** 辶
エ 竹 **オ** 阝 **カ** 心

2 （ ）の部首名をヒントにして、部首の元となる漢字が同じものを後から一つずつ選び、記号で答えなさい。

①伸（にんべん） ②剣（りっとう）
③被（ころもへん） ④福（しめすへん）

ア 券（かたな） **イ** 票（しめす）
ウ 裁（ころも） **エ** 今（ひとやね）

3 次の漢字の部首名を後から一つずつ選び、記号で答えなさい。

①朗 ②腰
③替 ④景
⑤郊 ⑥限

ア ひ **イ** にくづき **ウ** いわく（ひらび）
エ つき **オ** こざとへん **カ** おおざと

タイムトライアル **8分**

解答 p.10

1 (1)			1 (2)	1 (3)		2	3	
①	④	⑦	①	①	④	①	①	④
②	⑤	⑧	②	②	⑤	②	②	⑤
③	⑥		③	③	⑥	③	③	⑥
						④		

ぴたトレ 1

要点チェック

月夜の浜辺

中原中也

解答 p.11

1 これまでに習った漢字　読み仮名を書きなさい。

①晩（　）　②拾う（　）　③僕（　）　④在る（　）

⑤朗読（　）　⑥十五歳（　）　⑦創作（　）　⑧更に（　）

2 重要語句　正しい意味を下から選び、記号で答えなさい。

①（　）波打際
②（　）忍ぶ
③（　）袂
④（　）投稿
⑤（　）繊細

ア　つらさに耐える。
イ　新聞や雑誌などに原稿を送ること。
ウ　感情などがこまやかなこと。
エ　海辺などで波がうち寄せるところ。
オ　和服の袖の下の袋のように垂れたところ。

中原中也の生い立ちが分かると、詩の理解も深まるよ。教科書124ページも読んでおこう。

スタートアップ

詩の形式

①使われている用語による分類…口語詩・文語詩
②音数の決まりなどによる分類…定型詩・自由詩
・定型詩は、五音と七音の組み合わせであることが多い。
➡①②を組み合わせて、「口語定型詩」「口語自由詩」「文語定型詩」「文語自由詩」に分類される。現代詩はほとんどが口語自由詩である。

連

普通の文章の段落のようなものであり、連と連の間は、一行空きの形をとることが多い。
・「月夜の浜辺」の詩は、六連から成っている。

詩の表現技法

①比喩…たとえの表現。直喩（「ようだ」などを用いる）、隠喩（「ようだ」などを用いない）、擬人法（人間以外のものを人間のようにたとえる）。
②反復…同じ語句や文を二回以上繰り返す。
③対句…似たような語句・構成を並べる。
④倒置…語句の順序を入れ替える。
⑤体言止め…文末を体言（名詞）で止める。
⑥省略…文末や文中の語句を省略する。

左の詩にはどの技法が使われているかな？

月夜の浜辺

タイムトライアル 8分

解答 p.11

1 読解問題 詩を読んで、問いに答えなさい。

教科書122ページ1行〜123ページ8行

月夜の浜辺　　中原中也

月夜の晩に、ボタンが一つ
波打際に、落ちてゐた。

それを拾つて、役立てようと
僕は思つたわけでもないが
なぜだかそれを捨てるに忍びず
僕はそれを、袂に入れた。

月夜の晩に、ボタンが一つ
波打際に、落ちてゐた。

それを拾つて、役立てようと
僕は思つたわけでもないが
　月に向つてそれは抛れず
　浪に向つてそれは抛れず
僕はそれを、袂に入れた。

月夜の晩に、拾つたボタンは
指先に沁み、心に沁みた。

月夜の晩に、拾つたボタンは
どうしてそれが、捨てられようか？

中原中也「月夜の浜辺」〈「新編　中原中也全集」〉より

(1) 月夜の晩に「僕」が拾ったのは何ですか。詩の中から三字で抜き出しなさい。

ヒント 第二連の「それ」が何を指しているか、前の部分から探そう。

(2) 「僕」が、拾ったものを袂に入れたのはなぜですか。次から一つ選び、記号で答えなさい。

ア 後で役立てようと思ったから。
イ なぜか捨てるのがつらかったから。
ウ 美しく高価なものだと思ったから。

（　　）

ヒント 第二連の内容を読み取ろう。

(3) 第一連と第三連は全く同じ語句を繰り返しています。このような表現技法を何といいますか。漢字二字で書きなさい。

ヒント 二行が全く同じであることに着目しよう。

(4) この詩の鑑賞文を次のようにまとめました。（　）に当てはまる言葉を後から一つずつ選び、記号で答えなさい。

・（①）な情景を描きながら、そこに詩人の（②）ためしいがにじみ出ている。

ア 現実的　イ 幻想的　ウ 孤独な　エ 激烈な

①（　　）②（　　）

ヒント 「指先に沁み、心に沁みた」ときの作者の心情を考えよう。

ぴたトレ 1 要点チェック

移り行く浦島太郎の物語

解答 p.11

1 新しく習った漢字 読み仮名を書きなさい。

①（　　）浦島太郎　②（　　）竜宮城　③（　　）亀　④（　　）室町時代
⑤（　　）鶴　⑥（　　）長寿　⑦（　　）輝く　⑧（　　）仙人
⑨（　　）舞台　⑩（　　）換える　⑪（　　）下敷き　⑫（　　）触れる

2 重要語句 正しい意味を下から選び、記号で答えなさい。

①（　　）長寿　ア 互いに共有する。
②（　　）嘆く　イ ながく生きること。
③（　　）分かち合う　ウ 悲しく思う。
④（　　）下敷き　エ 創作や学説などの手本・基礎となるもの。

3 内容理解 「浦島太郎」の物語について、時代順にまとめた次の表の（　）に当てはまる文章中の言葉を書きなさい。

時代	登場人物	舞台	結末
奈良時代	・（　①　） ・亀（女性）	蓬萊山	主人公と女性は和歌を詠み合い、悲しみを分かち合う。
室町時代	・浦島太郎 ・亀（女性）	竜宮城	太郎は（　②　）になり、更に神様となる。
明治時代～現在	・浦島太郎 ・亀 ・子供たち	竜宮城	太郎は、（　③　）を開けて、おじいさんになってしまう。

①（　　）
②（　　）
③（　　）

得点UPポイント

古典作品に興味を持つ！

☑ 古典は、時代とともに変わっていくものである。
☑ 浦島太郎の例をきっかけに、古典を自由に読んでみよう。

「浦島太郎」以外にも、時代とともに、内容が変化した物語はあるのかな？

ぴたトレ 2

練習

移り行く浦島太郎の物語

タイムトライアル 8分

解答 p.11

1 読解問題 文章を読んで、問いに答えなさい。

教科書128ページ4行〜20行

①現在の私たちが知っている浦島太郎の物語は、これら古典の中に出てくる浦島太郎をもとに、明治時代の小説家が、子供向けに書き換えたものだといわれています。②最後、おじいさんになってしまうのは、約束を破って玉手箱を開けてしまったからでしょう。

このほか、江戸時代には浦島太郎の物語を下敷きにした物語が書かれましたし、小説家の太宰治も、浦島太郎の物語を題材とした作品を書いています。このように浦島太郎の物語は、時代を経てさまざまに変化してきたのです。

皆さんは古典のことを、まるで博物館のケースの中にあるような、貴重だけど手を触れてはいけないもの、長い時間がたっても変わらないものだと思っていませんか。浦島太郎の物語が教えてくれるように、古典は時代の変化の中で移り行くものですし、その時代時代の人々に受け継がれ、新たな作品を生み出す力となるものです。どうか皆さんもこれから古典に積極的に手を伸ばし、自らの想像力を働かせ、自由に楽しんでほしいと思います。

(1) ——線①「現在の私たちが知っている浦島太郎の物語」とはどのようなものですか。次の文の□に当てはまる言葉を文章中から抜き出しなさい。

古典の中に出てくる物語をもとに、□時代の小説家が、□に書き換えたもの。

ヒント 直後に書かれている部分から探そう。

(2) ——線②「最後、おじいさんになってしまう」とありますが、なぜですか。文章中から抜き出しなさい。

(　　　)

ヒント 「〜から」という理由を表す言葉に着目しよう。

(3) 筆者は、古典とはどういうものだと述べていますか。次から二つ選び、記号で答えなさい。

ア 長い時間がたっても変わらない貴重なもの。
イ 現代の物語とは違い、想像力を働かせて読むもの。
ウ 新しい時代の新たな作品を生み出す力となるもの。
エ 時代が変化するとともに移り行くもの。

(　　)(　　)

ヒント 最後の段落から筆者の思いを読み取ろう。

ぴたトレ 1
要点チェック

伊曽保物語(いそほものがたり)

解答 p.11

1 新しく習った漢字 読み仮名を書きなさい。

①翻訳（　　） ②浮く（　　） ③沈む（　　） ④報いる（　　）

2 重要語句 正しい意味を下から選び、記号で答えなさい。

①（　　）教訓
②（　　）そのごとく
③（　　）被る(かうむ/コウム)
④（　　）にはかに
⑤（　　）こずゑ(エ)
⑥（　　）あはれなる(ワ)
⑦（　　）かしこ
⑧（　　）しかるに

ア かわいそうな。
イ けれども。
ウ わざわいなどを受ける。
エ 木の枝。
オ 教えさとす内容。
カ 急に。
キ そのように。
ク あちら。

スタートアップ

歴史的仮名遣い

歴史的仮名遣い(かなづかい)の読み方には、次のような法則がある。

①ワ行の「わゐうゑを」は「ワイウエオ」と発音する。
例 ゐる→いる　こゑ→こえ

②語中・語尾(ごび)の「はひふへほ」は「ワイウエオ」と発音する。
例 言ふ→言う　考へる→考える

③「かう」「しう」は、現代仮名遣いでは「こう」「しゅう」と書いて、「コー」「シュー」と発音する。
例 かうむる（被る）→こうむる
かなしう（悲しう）→かなしゅう

④「ぢ」「づ」は「じ」「ず」と書く。
例 はぢ→はじ　よろづ→よろず

⑤「む」は「ん」と発音する。
例 とらむとす→とらんとす

⑥促音(そくおん)の「つ」は「っ」と発音する。
例 切つて→切って　乗つて→乗って

助詞の「は」「へ」は「は」「へ」と書いて、「ワ」「エ」と読むよ。

伊曽保物語

古代ギリシャの寓話(ぐうわ)集「イソップ物語」を翻訳したもの。室町(むろまち)時代末期にローマ字で書かれたものが作られ、その後、江戸(えど)時代の初めに漢字仮名交じりの文章で刊行された。

伊曽保物語

1 読解問題 文章を読んで、問いに答えなさい。 教科書131ページ2行～6行

ある犬、肉を①くはへて川を渡る。真ん中ほどにて、その②影水に映りて大きに見えければ、「我がくはふるところの肉より大きなる。」と心得て、これを捨ててかれを取らむとす。かるが③ゆゑに、④二つながらこれを失ふ。

そのごとく、重欲心の輩は、他の財を羨み、事に触れて貪るほどに、たちまち天罰を被る。我が持つところの財をも失ふことありけり。

「伊曽保物語」より

(1) ――線①「くはへて」、③「ゆゑに」を現代仮名遣いに直しなさい。

①(　　　)　③(　　　)

ヒント 語中の「は」「へ」、「ゑ」はどのように直すか思い出そう。

(2) ――線②「影」とは何の影ですか。次の文の□に当てはまる言葉を文章中から抜き出しなさい。

□を渡っていた□の影。

ヒント 「その影」の「その」が指すものを捉えよう。

(3) ――線④「二つながら」とありますが、何と何ですか。次から二つ選び、記号で答えなさい。

ア 自分の影。　イ 自分が持っていた肉。

ウ 影が持っていた肉。　エ 相手からうばった肉。

(　　)(　　)

ヒント 犬が失った二つのものは何か、読み取ろう。

(4) この話の教訓が書かれた部分を、ひと続きの二文で探し、初めの五字を書きなさい。

ヒント この話で作者が最も伝えたかったことは何か、考えよう。

タイムトライアル 8分

解答 p.11

ぴたトレ 1 要点チェック

竹取物語（たけとりものがたり）

解答 p.12

1 新しく習った漢字　読み仮名を書きなさい。

①姫（　）②優しい（　）③愚か（　）④理屈（　）
⑤筒（　）⑥黄金（　）⑦彼（　）⑧与える（　）
⑨訪れる（　）⑩拒否（　）⑪諦める（　）⑫昇天（　）
⑬羽衣（　）⑭脱ぐ（　）⑮恋（こい）文（　）⑯添える（　）

2 重要語句　正しい意味を下から選び、記号で答えなさい。

①（　）あやしがりて　　ア 座（すわ）っている。
②（　）いと　　イ 不思議に思って。
③（　）うつくしうて（シュウ）　　ウ たいへん。
④（　）ゐたり（イ）　　エ かわいらしい様子で。

スタートアップ

現代語と意味が異なる言葉

①現代語と意味が異なる場合があるもの

例 「あはれ」【現代語】気の毒だ。かわいそう。【古語】趣（おもむき）がある。いとしい。

例 「やがて」【現代語】まもなく。そのうちに。【古語】すなわち。すぐに。そのまま。

②現代では使われなくなったもの

例 ・「つれづれなり」…することがなく退屈（たいくつ）だ。
・「つとめて」…早朝。翌朝。
・「いみじ（く）」…たいそう。

助詞の省略

古典では、現代語に比べて助詞が省略されていることが多い。そのため、省略されている言葉を補いながら読む必要がある。

例 竹取の翁（おきな）といふ者（が）ありけり。

助詞を補うと主語がはっきりするから、文章の理解も深まるよ。

竹取物語

日本に伝わる最も古い物語で、九世紀末から十世紀初め頃（ごろ）に作られた。作者は分からないが、広く知られていた伝説を作り変えたものと思われる。

ぴたトレ 2

練習

竹取物語

タイムトライアル 8分

解答 p.12

1 読解問題 文章を読んで、問いに答えなさい。 教科書136ページ上1行〜上14行

今は昔、①竹取の翁といふ者ありけり。野山にまじりて竹を取りつつ、よろづのことに②使ひけり。名をば、さぬきのみやつことなむいひける。

その竹の中に、もと光る竹なむ一筋(ひとすぢ)ありける。あやしがりて、寄りて見るに、筒の中光りたり。それを見れば、三寸(さんずん)ばかりなる人、③いとうつくしうてゐたり。

翁言ふやう、「我、朝ごと夕ごとに見る竹の中におはするにて知りぬ。子になりたまふべき人なめり。」とて、手にうち入れて、家へ持ちて来(き)ぬ。妻(め)の嫗(おうな)に預けて④養はす。うつくしきこと、限りなし。いと幼ければ、籠(こ)に入れて養ふ。

「竹取物語」より

(1) ——線①「竹取の翁」の名前は何と言いますか。古文中から抜(ぬ)き出しなさい。

（　　　）

ヒント 「名をば（名前を）」という言葉に着目しよう。

(2) ——線②「使ひけり」、④「養はす」を現代仮名遣(かなづか)いに直し、全て平仮名で書きなさい。

②（　　　）　④（　　　）

ヒント 語中の「はひふへほ」は、「わいうえお」にしよう。

(3) ——線③「いとうつくしうてゐたり」は現代語でどのような意味ですか。

（　　　）

ヒント 現代の意味で答えないように気をつけよう。

(4) 竹取の翁が、竹の中から出てきた人を家に連れ帰ったのはなぜですか。次から一つ選び、記号で答えなさい。

ア あまりにかわいらしいので、妻に見せたいと思ったから。
イ いつも見る竹の中にいたので、子になる運命だと思ったから。
ウ このままでは、この人は死んでしまうと不安になったから。

（　　　）

ヒント 「我、朝ごと…」という翁の会話文の内容を捉(とら)えよう。

ぴたトレ 3 確認テスト

竹取物語

時間20分 ／100点 合格75点

解答 p.12

1 思考・判断・表現 文章を読んで、問いに答えなさい。

教科書141ページ上1行〜142ページ下10行

そのときに、かぐや姫、「①しばし待て。」と言ふ。「衣着せつる人は、心異になるなりといふ。②もの一言、言ひおくべきことありけり。」と言ひて、文書く。天人、「遅し。」と③心もとながりたまふ。かぐや姫、「もの知らぬこと、なのたまひそ。」とて、いみじく静かに、④朝廷に御文奉りたまふ。あわてぬさまなり。

現代語訳◆◆◆◆◆◆◆◆◆◆◆◆

そのときに、かぐや姫は、「しばらく待ちなさい。」と言う。「(天人が) 羽衣を着せた人は、心が (人間とは) 異なってしまうといいます。一言、言っておかねばならないことがありました。」と言って、手紙を書く。天人は、「遅い。」といらいらしていらっしゃる。

かぐや姫は、「ものをわきまえないことを、おっしゃらないでください。」と言って、たいそうもの静かに、帝にお手紙をさしあげなさる。冷静な様子である。

(1) ――線①「しばし待て」とありますが、かぐや姫は、なぜこう言ったのですか。次の文の（　）に当てはまる言葉を、それぞれ二字で現代語訳から抜き出しなさい。 各10点

（　①　）を着る前に、帝に（　②　）を書きたかったから。

(2) ――線②「もの一言、言ひおくべきこと」とありますが、かぐや姫が手紙に書いた内容は、和歌以外にいくつ取り上げられていますか。漢数字で答えなさい。 10点

よく出る

(3) ――線③「心もとながりたまふ」とありますが、天人はなぜいらいらしているのですか。次から一つ選び、記号で答えなさい。 10点

ア　遅れると帝が引き留めにやってくるから。
イ　早くかぐや姫を連れて天へ帰りたいから。
ウ　かぐや姫が帰りたがらなくなると困るから。
エ　遅くなると薬の効き目がなくなるから。

(4) ――線④「朝廷に御文奉りたまふ」とありますが、このときのかぐや姫の様子を現代語で説明しなさい。 10点

考える

(5) ――線⑤「車に乗りて、百人ばかり天人具して、昇りぬ」について、次の問いに答えなさい。

① このときのかぐや姫は、どのような状態ですか。「翁たち」という言葉を使って書きなさい。 20点

② ①のような状態になったのはなぜですか。説明しなさい。 10点

かぐや姫の手紙には、兵士を派遣して守ろうとしてくださったにもかかわらず昇天していくことの悲しみや、宮中へのお召しを断った理由、そのため無礼な者と思われてしまったことへの心残りなどがつづられていました。帝への思いを託した和歌を添えて、かぐや姫はこの手紙を不死の薬といっしょに、帝の側近の一人である頭中将に渡しました。

中将取りつれば、ふと天の羽衣うち着せ奉りつれば、翁を、いとほし、かなしと思しつることもうせぬ。この衣着つる人は、物思ひなくなりにければ、⑤車に乗りて、百人ばかり天人具して、昇りぬ。

現代語訳◆◆◆◆◆◆◆◆◆◆◆◆◆◆

頭中将が（手紙と不死の薬を）受け取ったので、（天人は）さっと天の羽衣を（かぐや姫に）着せてさしあげたところ、（かぐや姫の、）翁たちを、気の毒だ、ふびんだと思っていた気持ちもなくなってしまった。この羽衣を着たかぐや姫は、物思いがなくなってしまったので、（空を飛ぶ）車に乗って、百人ほどの天人を連れて、（天に）昇ってしまった。

「竹取物語」より

2 ――線の片仮名を漢字で書きなさい。　各5点

① ヤサしい気持ち。　② カレとは幼なじみだ。

③ 故郷をオトズれる。　④ 提案をキョヒする。

1							2			
(1) ①	(1) ②	(2)	(3)	(4)	(5) ①	(5) ②	①	②	③	④

ぴたトレ 1 要点チェック

矛盾「韓非子」より

解答 p.13

1 新しく習った漢字　読み仮名を書きなさい。

① 矛盾（　　）　② 韓非子（　　）　③ 離す（　　）　④ 陣（　　）
⑤ 堅い（　　）　⑥ 突く（　　）　⑦ 大和（　　）　⑧ 優れる（　　）

2 重要語句　正しい意味を下から選び、記号で答えなさい。

①（　）鬻ぐ　　ア 言うことには。
②（　）曰はく　　イ できない。
③（　）陥す　　ウ 商品を売る。
④（　）何如　　エ どうであるか。
⑤（　）能はざる　　オ 突き通す。

漢文も古文と同じように、現代語と意味が違う言葉や現代語にはない言葉があるので注意しよう。

スタートアップ

漢文の読み方

● 漢文の書き表し方

① 漢文の原文…漢字のみが並んでいるもの。例 人読書。
② 訓読文…漢文に、送り仮名や返り点を付けたもの。
例 人読ム レ書ヲ。
③ 書き下し文…訓読文を、読む順番に従って漢字仮名交じりで書き改めたもの。例 人書を読む。

〈書き下し文にするときの注意点〉
・送り仮名は歴史的仮名遣いのまま、片仮名は平仮名に。
・助詞や助動詞に当たる漢字は、平仮名に直す。
例 吾ガ盾之堅キコト→吾が盾の堅きこと

● 返り点

① レ点…下の一字から、すぐ上の一字に返って読む。
例 我見ル レ鳥ヲ。　1 3 2
② 一・二点…二字以上、下から返って読む。
例 待ツ 二天命ヲ 一。　3 1 2

故事成語　昔の中国の有名な話から生まれた短い言葉。
例 温故知新・大器晩成・背水の陣・呉越同舟・漁夫の利

ぴたトレ2 練習

矛盾 「韓非子」より

タイムトライアル 8分

解答 p.13

1 読解問題 文章を読んで、問いに答えなさい。

教科書144ページ上1行〜145ページ下9行

楚人に盾と矛とを鬻ぐ者有り。①之を誉めて曰はく、「吾が盾の堅きこと、②能く陥すもの莫きなり。」と。又、其の矛を誉めて曰はく、「吾が矛の利きこと、物に於いて陥さざる無きなり。」と。或ひと曰はく、「③子の矛を以つて、子の盾を陥さば、何如。」と。④其の人応ふること能はざるなり。

現代語訳◆◆◆◆◆◆◆◆◆◆◆◆

楚の国の人に盾と矛とを売る者がいた。その盾を自慢して言うには、「私の盾の堅いこと（といったら）、突き通せるものはないのだ。」と。更に、その矛を自慢して言うには、「私の矛の鋭いこと（といったら）、どんなものでも突き通さないものはないのだ。」と。（すると、）ある人が言うには、「あなたの矛で、あなたの盾を突いたら、どうであるか。」と。その人は答えることができなかったのである。

「矛盾『韓非子』より」より

(1) ——線①「之」とは何を指していますか。漢字一字で書きなさい。

ヒント 「盾」と「矛」のどちらか、直後を読んで判断しよう。

(2) ——線②「能く陥すもの莫きなり」は現代語訳のどの部分に当たりますか。抜き出しなさい。

ヒント 書き下し文と現代語訳を見比べて答えよう。

(3) ——線③「子」とは誰を指していますか。現代語訳の中から八字で抜き出しなさい。

ヒント 「或ひと」が話しかけた人物を、八字で探そう。

(4) ——線④「其の人応ふること能はざるなり」とありますが、なぜですか。次から一つ選び、記号で答えなさい。

ア 「或ひと」にうそをついたことを知られたから。
イ 「或ひと」にひどい悪口を浴びせられたから。
ウ 「或ひと」に話の食い違いを指摘されたから。

ヒント 直前の「或ひと」の言葉に着目しよう。

ぴたトレ 1 要点チェック

日本語探検4 語の意味と文脈・多義語

解答 p.13

スタートアップ

語の意味と文脈

● さまざまな意味に解釈できる語
「学校」「会社」などの語は、「人が集まって、一定の場所で、一定の活動を行う組織」という複数の要素を持つ。要素のうち、どの面に着目するかによって違った意味に解釈される。

例 ・明日から会社だ。…仕事　・会社は近い。…建物

● 文脈の働き
・文脈…ある語が使われるときの、その語の前後における語句の意味のつながり。

※「学校」のように、一つの語が複数の解釈を持つのは、「文脈」の働きがあるからである。

多義語

● 多義語…何らかの意味上のつながりがある、複数の意味を持っている語。

例 高いビル…高度が大きい。・高い服…金額が多い。

※どちらの「高い」も、他のものより上という意味。

● 多義語と文脈
多義語も文脈の中で使われると、文脈に応じて適切な意味へ絞り込まれるので、意味が紛らわしくなくなる。

1 新しく習った漢字 読み仮名を書きなさい。

①（　　）解釈　②（　　）早速　③（　　）疲れる

2 重要語句 正しい意味を下から選び、記号で答えなさい。

①（　　）幻
②（　　）食い違う
③（　　）解釈
④（　　）瞬く
⑤（　　）執る

ア 手に持ち、それを使って事を行う。
イ 存在の確認が難しい、珍しいもの。
ウ まばたきをする。
エ 一致しないこと。
オ 言葉や文章の意味・内容をとき明かすこと。

「執る」は、「ペンを執る」「事務を執る」「指揮を執る」などの場合に使うよ。

日本語探検4 語の意味と文脈・多義語

タイムトライアル 8分

解答 p.13

1 次の――線の、文脈に合う意味を後から一つずつ選び、記号で答えなさい。

(1)
① 早朝は電車がない。
② 最寄りの駅から電車に乗る。

ア 乗り物　**イ** 運行

(2)
① 土日は銀行は休業だ。
② あの銀行は感じが悪い。
③ 家の近くには銀行がない。

ア 建物や敷地　**イ** 銀行員　**ウ** 業務活動

2 次の――線の多義語の意味として適切なものを後から一つずつ選び、記号で答えなさい。

(1)
① 妹と手をつないで歩く。
② 忙しくて、手が足りない。
③ 手をかけて、花を育てる。

ア 人手　**イ** 手間　**ウ** 手首から指までの部分

(2)
① 今年の優勝はかたい。
② 桜のつぼみはまだかたい。
③ 彼はかたい表情で立っていた。

ア 確実だ　**イ** 緊張している　**ウ** しっかりとじている

(3)
① 難しい言葉を辞書に当たる。
② 天気予報が当たる。
③ 波が岩に当たる。

ア ぶつかる　**イ** 調べる　**ウ** 的中する

3 次の――線の語と同じ意味で用いられている語を後から一つずつ選び、記号で答えなさい。

(1) 三年生が卒業すると、わが野球部の将来は暗い。

ア 停電で部屋が暗い。　**イ** 暗い表情で力なく答える。
ウ 姉は、数学に暗い。　**エ** 見通しは暗い。

(2) 勝負はついたと見る。

ア 父が新聞を見る。　**イ** シチューの味を見る。
ウ 世間を甘く見る。　**エ** 日光で東照宮を見る。

(3) 洋服のしみを取る。

ア テストでよい点を取る。　**イ** 花壇で草を取る。
ウ 前から三列目に席を取る。　**エ** 書架から本を取る。

1		2			3
(1)	(2)	(1)	(2)	(3)	
①	①	①	①	①	(1)
②	②	②	②	②	(2)
	③	③	③	③	(3)

ぴたトレ1 要点チェック

文法の窓3 単語の分類

解答 p.14

1 これまでに習った漢字 読み仮名を書きなさい。

①詳しい（　　） ②静まる（　　） ③郵便局（　　） ④果物（　　）
⑤寝る（　　） ⑥苦い（　　） ⑦勤勉（　　） ⑧快適（　　）

2 重要語句 正しい意味を下から選び、記号で答えなさい。

①（　　）添える
②（　　）勤勉
③（　　）快適
④（　　）単独
⑤（　　）活用

ア 仕事や勉強などに一生懸命励むこと。
イ ただ一人・一つだけであること。
ウ 後に続く語などによって、語の形が変化すること。
エ 付け加える。
オ とても気持ちのよいこと。

「手紙を添える。」「勤勉な性格。」「快適な室温。」「単独で行動する。」「活用する単語。」などのように使うよ。

スタートアップ

自立語と付属語

・自立語…単独で文節になれる。
・付属語…単独では文節になれない。

品詞（単語を性質によって分類したもの。十種類ある。）

●自立語で活用するもの＝用言
・動詞…動作・変化・存在などを表す。言い切りの形はウ段。
・形容詞…物事の状態・性質を表す。言い切りの形が「い」。
例 固い・暑い・おいしい・美しい
・形容動詞…物事の状態・性質を表す。言い切りの形が「だ（です）」。 例 静かだ・穏やかだ・立派だ

●自立語で活用しないもの
・名詞…物事の名前を表す。＝体言 例 海・気持ち
・連体詞…体言だけを修飾する。 例 大きな・ある
・副詞…主に用言を修飾する。 例 すぐに・もっと
・接続詞…文、語句などをつなぐ。 例 そして・しかし
・感動詞…感動・応答などを表す。 例 ああ・はい

●付属語
・助動詞…活用があり、自立語などの後に付いて、意味を添える。 例 た・せる・ようだ・です・まい
・助詞…活用がなく、自立語などの後に付いて、語句の関係などを示す。 例 が・を・から・ので・だけ

ぴたトレ 2 練習

文法の窓3 単語の分類

タイムトライアル 8分

解答 p.14

1 次の文の自立語には――、付属語には＝＝を引きなさい。

① 僕(ぼく)は、目標に向かって努力した。

② 彼女(かのじょ)は、美しい花を見てほほえんだ。

2 次の――線ア～チを後の①～⑩の品詞に分けて、記号で答えなさい。（使われていない品詞もあります。）

次の日は朝のうちは雨でしたが、二時間目からだんだん明るくなって、三時間目の終(お)わりの十分休みにはとうとうすっかりやみ、あちこちに削(けず)ったような青ぞらもできて、その下をまっ白な鱗雲(うろこぐも)がどんどん東へ走り、山の萱(かや)からも、栗(くり)の木からも、残りの雲が湯気のように立ちました。

「下(さが)ったら葡萄蔓(ぶどうづる)とりに行がないが。」耕助(こうすけ)が嘉助(かすけ)にそっと言いました。

「行ぐ行ぐ。三郎(さぶろう)も行がないが。」嘉助がさそいました。耕助は、「わあい、あそご三郎さ教えるやないじゃ。」と言いましたが三郎は知らないで、

「行くよ。ぼくは北海道でもとったぞ。ぼくのお母さんは樽(たる)へ二つ漬(つ)けたよ。」と言いました。

宮沢賢治「風の又三郎」より

① 名詞 ② 動詞 ③ 形容詞 ④ 形容動詞
⑤ 連体詞 ⑥ 副詞 ⑦ 接続詞 ⑧ 感動詞
⑨ 助動詞 ⑩ 助詞

3 次の　の品詞に当てはまらないものはどれですか。一つずつ選び、記号で答えなさい。

① 動詞　ア 歌う　イ 考える　ウ 楽しい

② 形容詞　ア にぎやかだ　イ うるさい　ウ 厚い

③ 連体詞　ア 大きな　イ この　ウ 小さい

④ 副詞　ア 広がる　イ 決して　ウ のんびり

⑤ 接続詞　ア けれども　イ もし　ウ だから

1	
① 僕は、目標に向かって努力した。	② 彼女は、美しい花を見てほほえんだ。

2	
① 名詞	② 動詞
③ 形容詞	④ 形容動詞
⑤ 連体詞	⑥ 副詞
⑦ 接続詞	⑧ 感動詞
⑨ 助動詞	⑩ 助詞

3	
①	⑤
②	
③	
④	

ぴたトレ 1

要点チェック

少年の日の思い出

ヘルマン・ヘッセ／高橋健二(たかはしけんじ)・訳

解答 p.14

1 新しく習った漢字　読み仮名を書きなさい。

①書斎（　　）　②不透明（　　）　③濃い（　　）　④珍しい（　　）

⑤不愉快（　　）　⑥載せる（　　）　⑦甲高い（　　）　⑧遊戯（　　）

⑨貪る（　　）　⑩斑点（　　）　⑪緊張（　　）　⑫潰れる（　　）

⑬獲物（　　）　⑭妬む（　　）　⑮畳む（　　）　⑯優雅（　　）

⑰誘惑（　　）　⑱繕う（　　）　⑲葛藤（　　）　⑳遺憾（　　）

㉑戦慄（　　）　㉒郷愁（　　）　㉓凍る（　　）　㉔憧憬（　　）

2 重要語句　正しい意味を下から選び、記号で答えなさい。

①（　　）とりこになる　　ア　ある状態を示す。

②（　　）呈(てい)する　　イ　熱中し、心を奪(うば)われる。

3 登場人物　物語の登場人物を書きなさい。

前半（現在）

①（　　）…語り手。一年前からチョウ集めをしている。

②（　　）…子供の頃(ころ)、熱情的なチョウの収集家だった。そのときの思い出を話し出す。

後半（過去）

③（　　）…チョウ集めのとりこになっている少年。②と同一人物。

④（　　）…「僕(ぼく)」の隣(となり)に住む。先生の息子(むすこ)で、非の打ちどころがない少年。

⑤母…②・③の母親。④に謝(あやま)りに行くよう息子を導く。

得点UPポイント

語り手は「誰(だれ)」かを意識する！

☑「少年の日の思い出」は場面によって語り手が変わる物語である。

☑誰の視点で物語が進められていくのかを確かめながら読もう。

左の文章での語り手は誰かな？

ぴたトレ **2** 練習

少年の日の思い出

タイムトライアル **8分**

解答 p.14

1 読解問題 文章を読んで、問いに答えなさい。 教科書158ページ7行～159ページ6行

　僕の両親はりっぱな道具なんかくれなかったから、僕は自分の収集を、古い潰れたボール紙の箱にしまっておかねばならなかった。瓶の栓から切り抜いた丸いコルクを底に貼り付け、ピンをそれに留めた。こうした箱の潰れた壁の間に、僕は自分の宝物をしまっていた。初めのうち、僕は自分の収集を喜んでたびたび仲間に見せたが、ほかの者はガラスの蓋のある木箱や、緑色のガーゼを貼った飼育箱や、そのほかぜいたくなものを持っていたので、自分の幼稚な設備を自慢することなんかできなかった。それどころか、重大で、評判になるような発見物や獲物があっても、ないしょにし、①自分の妹たちだけに見せる習慣になった。あるとき、僕は、僕らのところでは珍しい青いコムラサキを捕らえた。それを展翅し、乾いたときに、得意のあまり、せめて隣の子供にだけは見せよう、という気になった。それは、中庭の向こうに住んでいる②先生の息子だった。この少年は、非の打ちどころがないという悪徳を持っていた。それは子供としては二倍も気味悪い性質だった。彼の収集は小さく貧弱だったが、小ぎれいなのと、手入れの正確な点で一つの宝石のようなものになっていた。彼はそのうえ、傷んだり壊れたりしたチョウの羽を、にかわで継ぎ合わすという、非常に難しい珍しい技術を心得ていた。とにかく、あらゆる点で、模範少年だった。そのため、僕は妬み、嘆賞しながら彼を憎んでいた。

〈ヘルマン・ヘッセ／高橋健二・訳「少年の日の思い出」〈「ヘッセ全集」〉より〉

(1) ――線①「自分の妹たちだけに見せる習慣になった」とありますが、なぜこのような習慣になったのですか。次から一つ選び、記号で答えなさい。

ア 収集した重大な発見物や獲物を見るのは、自分だけの楽しみにしておきたかったから。
イ 仲間の収集の設備に比べ自分のものが粗末だったので、見せるのに気が引けたから。
ウ 仲間から、自分のぜいたくな道具を自慢していると思われるのが嫌だったから。

（　　）

ヒント 傍線部の前の部分から、「僕」の状況を捉えよう。

(2) ――線②「先生の息子」はどんな子供ですか。それが分かる十一字の言葉を文章中から抜き出しなさい。（句読点を含む。）

ヒント 少年の様子や性格を表す言葉を探そう。

(3) 「僕」の少年に対する気持ちが分かる一文を文章中から探し、初めの五字を書きなさい。（句読点を含む。）

ヒント 「僕」の気持ちを、直接表す言葉に着目しよう。

ぴたトレ 3 確認テスト①

少年の日の思い出

時間20分　／100点　合格75点　解答 p.14

1 思考・判断・表現　文章を読んで、問いに答えなさい。

教科書161ページ1行～164ページ3行

　せめて例のチョウを見たいと、僕は中に入った。そしてすぐに、エーミールが、収集をしまっている二つの大きな箱を手に取った。どちらの箱にも見つからなかったが、やがて、そのチョウはまだ展翅板に載っているかもしれないと思いついた。果たしてそこにあった。とび色のビロードの羽を細長い紙切れに張り伸ばされて、クジャクヤママユは展翅板に留められていた。僕はその上にかがんで、毛の生えた赤茶色の触角や、優雅で、果てしなく微妙な色をした羽の縁や、下羽の内側の縁にある細い羊毛のような毛などを残らず、間近から眺めた。あいにくあの有名な斑点だけは見られなかった。細長い紙切れの下になっていたのだ。

　胸をどきどきさせながら、僕は①紙切れを取りのけたいという誘惑に負けて、留め針を抜いた。すると、四つの大きな不思議な斑点が、挿絵のよりはずっと美しく、ずっとすばらしく、僕を見つめた。それを見ると、この宝を手に入れたいという逆らいがたい欲望を感じて、②僕は生まれて初めて盗みを犯した。僕はピンをそっと引っ張った。チョウはもう乾いていたので、形は崩れなかった。僕はそれを手のひらに載せて、エーミールの部屋から持ち出した。そのときさしずめ僕は、大きな満足感のほか何も感じていなかった。

　チョウを右手に隠して、僕は階段を下りた。そのときだ。下の方から誰か僕の方に上がってくるのが聞こえた。その瞬間に僕の良心は目覚めた。僕は突然、自分は盗みをした、下劣なやつだという

(1) 「僕」がクジャクヤママユを熱心に眺めている様子が分かる一文を文章中から探し、初めの五字を書きなさい。　10点

(2) ――線①「紙切れを取りのけたい」とありますが、「僕」は何をしたいということですか。「斑点」という言葉を使って書きなさい。　10点

(3) ――線②「僕は生まれて初めて盗みを犯した」とありますが、クジャクヤママユを盗み出したときの「僕」はどんな気持ちでしたか。次から一つ選び、記号で答えなさい。　10点

ア　すでにエーミールの留守中に部屋に忍び込むという罪を犯したことで気が動転し、何も感じられなかった。
イ　敵意すら抱いているエーミールの収集を盗むことに対し、罪悪感を覚えるどころか、痛快さを感じていた。
ウ　クジャクヤママユの魅力に心を奪われ、それを手に入れたいという欲望以外、何も考えられなくなっていた。
エ　大切なクジャクヤママユの形を崩すことなく持ち出せた自分の技術に満足していた。

(4) ――線③「本能的に、獲物を隠していた手を、上着のポケットに突っ込んだ」とき、「僕」はどんな気持ちでしたか。文章中の言葉を使って書きなさい。　15点

(5) ――線④「それをよく見ないうちに、僕はもうどんな不幸が起こったかということを知った」について、次の問いに答えなさい。

① 「不幸」とは、どんなことですか。簡潔に答えなさい。　15点

② ①の出来事で、「僕」をいちばん苦しめたのは、どんなことですか。簡潔に答えなさい。　20点

ことを悟（さと）った。同時に見つかりはしないか、という恐（おそ）ろしい不安に襲（おそ）われて、僕は本能的に、獲物（えもの）を隠していた手を、③上着のポケットに突っ込（こ）んだ。ゆっくりと僕は歩き続けたが、大それた恥（は）ずべきことをしたという、冷たい気持ちに震（ふる）えていた。上がってきたお手伝いさんと、びくびくしながら擦（す）れ違（ちが）ってから、僕は胸をどきどきさせ、額に汗（あせ）をかき、落ち着きを失い、自分自身におびえながら、家の入り口に立ち止まった。

すぐに僕は、このチョウを持っていることはできない、持っていてはならない、元に返して、できるなら何事もなかったようにしておかねばならない、と悟った。そこで、人に出くわして見つかりはしないか、ということを極度に恐れながらも、急いで引き返し、階段を駆（か）け上がり、一分ののちにはまたエーミールの部屋の中に立っていた。僕はポケットから手を出し、チョウを机の上に置いた。④それをよく見ないうちに、僕はもうどんな不幸が起こったかということを知った。そして泣かんばかりだった。クジャクヤママユは潰（つぶ）れてしまったのだ。前羽が一つと触角が一本なくなっていた。ちぎれた羽を用心深くポケットから引き出そうとすると、羽はばらばらになっていて、繕（つくろ）うことなんか、もう思いもよらなかった。

盗みをしたという気持ちより、自分が潰してしまった美しい珍（めずら）しいチョウを見ているほうが、僕の心を苦しめた。微妙なとび色がかった羽の粉が、自分の指にくっついているのを、僕は見た。また、ばらばらになった羽がそこに転がっているのを見た。それをすっかり元どおりにすることができたら、僕はどんな持ち物でも楽しみでも、喜んで投げ出したろう。

〈ヘルマン・ヘッセ／高橋健二・訳「少年の日の思い出」〈「ヘッセ全集」〉より〉

2 ――線の片仮名を漢字で書きなさい。　各5点

① ショサイで本を読む。
② 無色トウメイな液体。
③ スープの味がコい。
④ アミで魚を捕（と）る。

1 (1)	1 (2)	1 (3)	1 (4)	1 (5) ①	1 (5) ②	2 ①	2 ②	2 ③	2 ④

ぴたトレ 3

確認テスト②

少年の日の思い出

時間20分

／100点

合格75点

解答 p.15

1 思考・判断・表現

文章を読んで、問いに答えなさい。

教科書164ページ8行〜166ページ10行

①「おまえは、エーミールのところに、行かねばなりません。」と母はきっぱりと言った。「そして、自分でそう言わなくてはなりません。それよりほかに、どうしようもありません。おまえの持っているもののうちから、どれかを埋め合わせにより抜いてもらうように、申し出るのです。そして許してもらうように頼まねばなりません。」

あの模範少年でなくて、ほかの友達だったら、すぐにそうする気になれただろう。彼が僕の言うことを分かってくれないし、恐らく全然信じようともしないだろうということを、僕は前もって、はっきり感じていた。かれこれ夜になってしまったが、②僕は出かける気になれなかった。母は僕が中庭にいるのを見つけて、「今日のうちでなければなりません。さあ、行きなさい！」と小声で言った。それで僕は出かけていき、エーミールは、と尋ねた。彼は出てきて、すぐに、誰かがクジャクヤママユを台なしにしてしまった、悪いやつがやったのか、あるいは猫がやったのか分からない、と語った。僕はそのチョウを見せてくれと頼んだ。二人は上に上がっていった。彼はろうそくをつけた。僕は台なしになったチョウが展翅板の上に載っているのを見た。エーミールが③それを繕うために努力した跡が認められた。壊れた羽は丹念に広げられ、ぬれた吸い取り紙の上に置かれてあった。しかしそれは直す由もなかった。触角もやはりなくなっていた。そこで、それは僕がやったのだと言い、詳しく

(1) ——線①「おまえは、エーミールのところに、行かねばなりません」とありますが、母は「僕」にエーミールのところへ行って何をするように言っているのですか。簡潔に答えなさい。 10点

(2) ——線②「僕は出かける気になれなかった」とありますが、それはなぜですか。「エーミールが」に続けて、文章中の言葉を使って書きなさい。 10点

(3) ——線③「それ」とは何を指していますか。文章中から十字で抜き出しなさい。 10点

(4) よく出る ——線④「つまり君はそんなやつなんだな」とありますが、エーミールは「僕」をどんなやつだと思っているのですか。次から一つ選び、記号で答えなさい。 10点

ア 悪いことをしても、なかなか罪を認めようとしないやつ。
イ 自分の欲望のために、人のチョウを平気でだめにするやつ。
ウ チョウのことになると夢中で、冷静な判断ができないやつ。
エ たいした技術がないのに大切なチョウを扱おうとするやつ。

(5) 「僕」は許してもらうためにエーミールに何をやると申し出ましたか。二つ答えなさい。 各5点

(6) ——線⑤「一度起きたことは、もう償いのできないものだ」ということを、「僕」はエーミールのどんな態度から悟ったのですか。□に当てはまる言葉を、文章中から抜き出しなさい。 各5点

□さえもせず、冷静に「僕」をただ□する態度。

(7) 考える ——線⑥「そしてチョウを……粉々に押し潰してしまった」とありますが、このとき「僕」はどんな気持ちだったと考えられますか。「チョウへの熱情から」に続けて書きなさい。 20点

話し、説明しようと試みた。

　すると、エーミールは激したり、僕を怒鳴りつけたりなどはしないで、低く、ちぇっと舌を鳴らし、しばらくじっと僕を見つめていたが、それから「そうか、そうか、④つまり君はそんなやつなんだな。」と言った。

　僕は彼に僕のおもちゃをみんなやると言った。それでも彼は冷淡に構え、依然僕をただ軽蔑的に見つめていたので、僕は自分のチョウの収集を全部やると言った。しかし彼は、「けっこうだよ。僕は君の集めたやつはもう知っている。そのうえ、今日また、君がチョウをどんなに取り扱っているか、ということを見ることができたさ。」と言った。

　その瞬間、僕はすんでのところであいつの喉笛に飛びかかるところだった。もうどうにもしようがなかった。僕は悪漢だということに決まってしまい、エーミールはまるで世界のおきてを代表でもするかのように、冷然と、正義を盾に、侮るように、僕の前に立っていた。彼は罵りさえしなかった。ただ僕を眺めて、軽蔑していた。

　そのとき初めて僕は、⑤一度起きたことは、もう償いのできないものだということを悟った。僕は立ち去った。母が根掘り葉掘り聞こうとしないで、僕にキスだけして、構わずにおいてくれたことをうれしく思った。僕は、床にお入り、と言われた。僕にとってはもう遅い時刻だった。だが、その前に僕は、そっと食堂に行って、大きなとび色の厚紙の箱を取ってき、それを寝台の上に載せ、闇の中で開いた。⑥そしてチョウを一つ一つ取り出し、指で粉々に押し潰してしまった。


〈ヘルマン・ヘッセ／高橋健二・訳「少年の日の思い出」〈「ヘッセ全集」〉より

2 ――線の片仮名を漢字で書きなさい。　各5点

① カンダカい声で叫ぶ。
② ムサボるように食べる。
③ 発表会でキンチョウする。
④ 特技をジマンする。

1							2			
(1)	(2) エーミールが	(3)	(4)	(5)	(6)	(7) チョウへの熱情から	①	②	③	④

ぴたトレ1 要点チェック

文法の窓4 名詞
漢字道場4 他教科で学ぶ漢字

解答 p.16

1 新しく習った漢字　読み仮名を書きなさい。

①手袋（　）　②瀬戸大橋（　）　③百坪（　）　④京阪神（　）
⑤目尻（　）　⑥風呂（　）　⑦駐車（　）　⑧掃除（　）
⑨楷書（　）　⑩一膳（　）　⑪三隻（　）　⑫含む（　）
⑬亜熱帯（　）　⑭古墳（　）　⑮弥生（　）　⑯脊椎（　）
⑰鯨（　）　⑱哺乳類（　）　⑲顕微鏡（　）　⑳塑性（　）
㉑収穫（　）　㉒酢の物（　の　）　㉓腎臓（　）　㉔胸腺（　）

2 重要語句　正しい意味を下から選び、記号で答えなさい。

①（　）加工　　ア　人の手を加えること。
②（　）添加（てんか）　　イ　別のものをつけ加えること。

スタートアップ

名詞の種類

名詞は、活用のない自立語で、主語になることができる単語。次の五つの種類がある。

- 普通名詞…物事を表す一般的な名詞。例 本・テント
- 固有名詞…特定の人や物、場所などに対して付けられた名前を表す名詞。例 鎌倉・インド・富士山
- 数詞…数を含む名詞。例 三年・一億円・六番目
- 代名詞…人や物、場所などを指し示すときに使う名詞。例 私・彼・これ・どちら
- 形式名詞…実質的な意味を失って、修飾語と結び付いて使われる名詞。例 すること・このあいだ

いろいろな成り立ちの名詞

- 転成名詞…用言から名詞になったもの。用言とは、活用のある自立語のこと。
  例 （動詞）行く→行き・（形容詞）遠い→遠く
- 形容詞・形容動詞の一部に接尾語が付いたもの。
  例 （形容詞）太い→太め・（形容動詞）静かだ→静かさ
- 名詞に接頭語・接尾語が付いたもの。
  例 （接頭語）お話・（接尾語）福山様
- 複合名詞…二つ以上の単語が結び付いたもの。
  例 山＋道→山道・聞く＋手→聞き手

文法の窓４ 名詞
漢字道場４ 他教科で学ぶ漢字

1 名詞の種類について答えなさい。

(1) 次の文の名詞に——線を引きなさい。

① 昨日、友人から 一通の 手紙が 届いた。

② 母は、毎日 おいしい 料理を 作って くれる。

(2) 次の文から①普通名詞、②固有名詞、③数詞、④代名詞をそれぞれ全て抜き出しなさい。

Ⅰ 僕(ぼく)は、南(みなみ)中学校の生徒で、クラスは一組です。

Ⅱ 私の弟の将太(しょうた)は、五月に三歳(さんさい)になります。

2 いろいろな成り立ちの名詞について答えなさい。

(1) 次の名詞の成り立ちを後から一つずつ選び、記号で答えなさい。

① 小野(おの)さん　② 雨雲

③ 速さ　④ 走り

ア 転成名詞

イ 形容詞・形容動詞の一部に接尾語が付いたもの

ウ 名詞に接頭語・接尾語が付いたもの

エ 複合名詞

(2) 次の文から①転成名詞、②形容詞・形容動詞の一部に接尾語が付いたもの、③名詞に接頭語・接尾語が付いたもの、④複合名詞をそれぞれ抜き出しなさい。

お茶を飲みながら植木の話をするのが楽しみだ。

3 ——線の片仮名を漢字で書きなさい。

① コウコツ文字の研究をする。　② 桜はヒシ植物だ。

③ カイヅカから出土した土器。　④ 液体のノウド。

タイムトライアル 8分

解答 p.16

1			
(1)	①	昨日、友人から 一通の 手紙が 届いた。	
	②	母は、毎日 おいしい 料理を 作って くれる。	
(2)	Ⅰ	①	②
		③	④
	Ⅱ	①	②
		③	④

2		
(1)	①	②
	③	④
(2)	①	②
	③	④

3	
①	②
③	④

ぴたトレ 3 確認テスト

文法の窓4 名詞
漢字道場4 他教科で学ぶ漢字

時間20分 ／100点 合格75点

解答 p.17

1 次の各文から、〈 〉の種類の名詞をそれぞれ全て抜き出しなさい。 各3点

① 〈普通名詞〉
明日、僕はつりをする予定だ。

② 〈固有名詞〉
カナさんは、横浜の朝日ホテルに泊まるそうだ。

③ 〈数詞〉
十年ぶり三度目の同窓会には四十人集まった。

④ 〈代名詞〉
あそこが彼女の住んでいる家です。

⑤ 〈形式名詞〉
家に帰るところだ。夕食には間に合うはずだ。

2 次の□に当てはまる代名詞を後から選び、それぞれ記号で答えなさい。 各1点

僕は、突然現れた男に「①は②ですか。」と聞いた。すると③は、「④は山下という者です。」と言って、白い紙を差し出した。⑤が名刺です。

ア 私　**イ** これ
ウ どなた　**エ** あそこ
オ 彼　**カ** あなた

3 次の各組の――線部の言葉のうち、形式名詞はどちらですか。それぞれ記号で答えなさい。 各2点

① **ア** それでは、わけを聞こうじゃないか。
　イ そんなこと言えるわけがないよ。

② **ア** このあいだ彼女が言ったんだ。
　イ この二駅のあいだはとても長いのよ。

③ **ア** 今、宿題をやっているところだ。
　イ ここはとてもいいところだよ。

4 次の各組の名詞の中から種類の違うものを選び、それぞれ記号で答えなさい。 各2点

① **ア** 日本　**イ** 北海道　**ウ** 世界　**エ** 太平洋
② **ア** 彼女　**イ** 私　**ウ** あなた　**エ** 父
③ **ア** あちら　**イ** 三個　**ウ** 十台　**エ** 五年

5 次の用言から名詞を作りなさい。 各2点

① 動く　② 借りる　③ 多い
④ 暑い　⑤ うまい

6 次の二つの単語を組み合わせて、複合名詞を作りなさい。 各3点

① 春＋風　② 借りる＋物　③ 高い＋値
④ 受ける＋取る　⑤ 遠い＋回る　⑥ 物＋語る

7 ――線の片仮名を漢字で書きなさい。

各2点

① ヤヨイ時代の暮らしを再現する。
② ムロマチ時代の歴史を勉強する。
③ ヒトは、ホニュウルイの仲間だ。
④ 地球は太陽系のワクセイだ。
⑤ 水上チカン法を使って、酸素を集める。
⑥ 食品テンカブツの表示をチェックする。
⑦ 夕飯にスの物を食べる。
⑧ 日本のコフンについて研究する。
⑨ タンスイカブツは五大栄養素の一つだ。
⑩ クジラは大型の動物だ。
⑪ ジンゾウの働きについて調べる。
⑫ ケンビキョウで植物の種を観察する。
⑬ キョウセンは、肺の間の前部にある。
⑭ アネッタイの地域を訪(おとず)れる。
⑮ 西アジアではボクチクが盛(さか)んである。
⑯ 光は、境界面でクッセツする。
⑰ 雨の降らないカンキになる。
⑱ ダンセイのある靴下(くつした)を履(は)く。
⑲ 布をサイダンして、ミシンで縫(ぬ)う。
⑳ 魚はセキツイ動物だ。

1			2		3	4	5		6		7						
①	③	⑤	①	④	①	①	①	④	①	④	①	④	⑦	⑩	⑬	⑯	⑲
②	④		②	⑤	②	②	②	⑤	②	⑤	②	⑤	⑧	⑪	⑭	⑰	⑳
			③		③	③	③		③	⑥	③	⑥	⑨	⑫	⑮	⑱	

ぴたトレ1 要点チェック

風を受けて走れ

佐藤次郎

解答 p.17

1 新しく習った漢字　読み仮名を書きなさい。

①脚（　　）　②義肢（　　）　③必需品（　　）　④膝（　　）
⑤抱く（　　）　⑥薄い（　　）　⑦湾曲（　　）　⑧丈夫（　　）
⑨挑戦者（　　）　⑩廊下（　　）　⑪試す（　　）　⑫喪失感（　　）
⑬悩み（　　）　⑭踏む（　　）　⑮連絡（　　）　⑯伴走（　　）
⑰競う（　　）　⑱幅（　　）

2 重要語句　正しい意味を下から選び、記号で答えなさい。

①（　）精巧（せいこう）　②（　）鉄則　③（　）相乗効果

ア 作りが細かくよくできていること。
イ 必ず守らなければいけない決まり。
ウ 二つ以上の要因が重なって、個々の作用以上のものを出すこと。

3 内容理解　文章中の言葉を書きなさい。

①義肢装具士 臼井二美男（うすいふみお）さんの思い。
・「義足でだって走れるんじゃないか。走れば（　　）が広がるんじゃないか。」「義足の人たちに走ってもらおう。」

↓

②走れる義足の開発。
・最初の挑戦者…（　　）さん
「できる、できる、私（わたし）はちゃんと走れる。」
・若くて運動能力があり、前向きな姿勢を持った男女四人の挑戦。

↓

③（　　）にも使える義足の登場。
・「頬（ほお）を吹（ふ）き過ぎていく（　　）が、何より気持ちよかった。」

得点UPポイント

人物の体験や思いを読み取る！

☑「風を受けて走れ」は、義足でも走れると考えた義肢装具士の話である。
☑思いを実現したときの喜びを捉（とら）えよう。

左の文章では、臼井さんの「思い」はどこに表れているかな。

ぴたトレ 2

練習

風を受けて走れ

タイムトライアル 10分

解答 p.17

1 読解問題 文章を読んで、問いに答えなさい。

教科書172ページ14行〜173ページ21行

一九九〇年代に入ったある日、鉄道弘済会に勤務する一人の義肢装具士がふと思いついた。義足を作り、組み立て、調整する技術者として、臼井二美男は①こう考えたのだ。

「義足でだって走れるんじゃないか。走れば世界が広がるんじゃないか。」

それまで、義足使用者、殊に大腿切断者は走れない、走れるわけがないと思われていた。

②理由の一つは、義足そのものの重さである。以前の義足は重かった。ニキログラムから三キログラムほどもある義足を速く振って走るには、かなりの力が必要となる。しかも、走るという激しい動作に対応できる耐久性もなかった。義足は絶対に欠かせない生活必需品なのだ。義足を壊してしまうと、翌日から学校にも仕事にも行けなくなる。

それに、「膝継手」とよばれる部品の性能も問題だった。

膝上からの大腿義足は、脚を切断した部分を包み込む「ソケット」、膝の代わりになる「膝継手」、すねの部分に当たる「チューブ」、いちばん下の「足部」で成り立っている。

義足の膝継手は、本物の膝のように素速く精巧には動かない。走ろうとして脚を速く振り出しても、膝下部分がついてこない可能性がある。

佐藤次郎「風を受けて走れ」〈「義足ランナー　義肢装具士の奇跡の挑戦」〉より

(1) ――線①「こう」について答えなさい。

① 「こう」が指している内容を文章中から探し、初めと終わりの五字を書きなさい。(句読点・符号も含み、一字と数える。)

□□□□□ 〜 □□□□□

ヒント 指示語は、後に書かれていることもあるので注意しよう。

② ①のように考える前は、義足使用者が走ることについてどのように考えられていましたか。次から一つ選び、記号で答えなさい。

ア 義足を改善すれば走れるだろう。
イ 努力しても走るのは絶対無理だ。
ウ 人によっては走れるかもしれない。

(　　)

ヒント 「それまで、……」の一文に着目しよう。

(2) ――線②「理由」について、次の二つにまとめました。□に当てはまる言葉を文章中から抜き出しなさい。

① 義足が重いため速く振って走ることができず、しかも□□がないため壊れやすかった。

② 「膝継手」という部品の性能に問題があり、本物の膝のように素速く□□に動かせなかった。

ヒント 傍線部と同じ段落から一つ、次の段落以降から一つ探そう。

ぴたトレ 3 確認テスト

風を受けて走れ

時間20分 ／100点 合格75点

解答 p.18

1 思考・判断・表現 文章を読んで、問いに答えなさい。

教科書176ページ37行〜179ページ22行

　しばらくして、①陸上競技にも使える驚きの義足が登場した。カーボンファイバーを重ねた長い一枚板を湾曲させたもので、足部も板そのまま。その形から、「板バネ」とよばれた。

　板バネには、強い反発力があった。実際に着けてみると、じっと立とうとしても静止できずにふらふらと動いてしまう。これを使うのは試行錯誤の連続だった。どのような角度で装着すればいいか。どんなバランスでセットすればいいのか。それを一つ一つ試してみるしかない。臼井は何人もの走り手に代わる代わる板バネで走ってもらっては、微妙な調整を繰り返した。

　試してみなければ分からないことばかり。だが、工夫すればするほど、練習すればするほど、板バネは意欲に応えてくれた。それは、最初は一歩を踏み出すのもためらっていた若者たちを、百メートルを二十秒ほどで走るランナーに変身させる力を持っていた。

　彼らは障害者陸上の大会にも出た。練習会は月に一度、定期的に開かれるようになっていった。臼井は、グラウンドを借りる手続きやメンバーへの連絡から、当日の義足の調整、伴走、ビデオ撮影までを一手に引き受けた。全ては休日のボランティア活動で、経費もかかったが、彼はそれを苦にしなかった。②「続けていけばいいんだ。」とだけ、臼井は思っていた。続けてさえいれば、少しずつでも走れる人が増えていく。そこからまた何かが生まれるかもしれない。前向きな人生を送れるようになるかもしれないし、別のことにも挑

(1) ——線①「陸上競技にも使える驚きの義足」とありますが、この「義足」の説明として当てはまらないものを次から一つ選び、記号で答えなさい。 10点
ア 足部まで長い板一枚でできている。
イ 強い反発力のため静止が難しい。
ウ 板が重いので走る競技には適さない。
エ 百メートルを約二十秒で走ることを可能にする。

(2) ——線②「続けていけばいいんだ」とありますが、臼井がこのように考えるのはなぜですか。文章中の言葉を使って書きなさい。 15点

よく出る
(3) ——線③「臼井の信念」とは、どのようなものですか。文章中から三十五字で探し、初めの五字を書きなさい。 10点

(4) ——線④「縁の下の力持ち」とありますが、臼井のこのような立場を、たとえを使って表現した部分があります。その言葉を十五字以上二十字以内で探し、文章中から抜き出しなさい。 10点

(5) ——線⑤「再び走れるようになった証明」とありますが、筆者はそれは何だと言っていますか。文章中の言葉を使って具体的に書きなさい。 15点

考える
(6) この文章で述べられている臼井さんの思いを、文章中の言葉を使って書きなさい。 20点

戦できるかもしれない。

臼井の思いは、活動の輪が広がっても変わらなかった。ただ、歩けるようになれば走りたくなり、走れるようになれば、もっと速く走ってみたくなるのが人間というものだ。試合で競いたいと思い、頂点を目指したくもなる。臼井のもとからは、次々とパラリンピック選手が誕生し、臼井自身もサポートのため現地に赴くようになった。

ただ、初心を忘れまいとは常々思っていた。パラリンピックに出るような選手が現れても、不安を感じながらも走る気力を奮い起こした初心者を、何よりだいじにしたいというのが③臼井の信念だった。

練習会の参加者はますます増え、フィールドいっぱいに広がるほどになった。それでも、臼井はひょうひょうとした態度を変えなかった。大声を張り上げもせず、ことさら目立とうともせず、だが一切手を抜かずに、④縁の下の力持ちに徹していた。

「できれば風みたいに、いるのかいないのか、分からないような存在に。」と彼は考えていた。ふと気づくと、選手たちの背中をそっと押している風である。

脚を失って、一度は諦めた走りを再び取り戻した人たちも、風のことを口々に語る。

「頬を吹き過ぎていく風が、何より気持ちよかった。」

「風を感じたのがいちばんうれしかった。」

⑤再び走れるようになった証明。それが「風」なのだ。ただ吹いてくる風ではない。自分で作った風、自分で巻き起こした風である。すると、その瞬間、自分の周りがぱあっと輝くのだ。

競技に至らなくとも、義足で走れるようになれば、それだけで人生の幅が広がる。その機会を作り、広げていくのが自分の役割なのだと臼井は思っている。

佐藤次郎「風を受けて走れ」〈「義足ランナー　義肢装具士の奇跡の挑戦」〉より

2 ――線の片仮名を漢字で書きなさい。　各5点

① 反応がウスい。
② ロウカを歩く。
③ ソウシツカンを味わう。
④ ナヤみを打ち明ける。

1						2	
(1)	(2)	(3)	(4)	(5)	(6)	①	③
						②	④

ぴたトレ 1 要点チェック

ニュースの見方を考えよう

池上彰（いけがみ あきら）

解答 p.18

1 新しく習った漢字 読み仮名を書きなさい。

①渋谷（　　） ②視聴者（　　） ③紛争（　　） ④先輩（　　）
⑤冒頭（　　） ⑥誇張（　　）

2 重要語句 正しい意味を下から選び、記号で答えなさい。

①（　）判断
②（　）客観的
③（　）とりわけ
④（　）重要視
⑤（　）誇張
⑥（　）コメント
⑦（　）意図

ア 特に。殊（こと）に。
イ 意見。解説。
ウ 重要であると考えること。
エ 考えて決めること。
オ 個々人の考えを離（はな）れて、見たり考えたりする様子。
カ しようと考えていること。
キ 実際より大げさに表すこと。

3 内容理解 文章中の言葉を書きなさい。

＊初め（話題提示）
・「ニュースは「（　　　）なもの」と考えている人が多いが、編集されている。
＊中（編集の具体例）
例1 例2 取り上げるニュースは制作者が決めている。出来事のどのような面に着目してニュースにするかも制作者が決めている。
例3 例4 ニュースの内容は加工されたものである。ニュースも演出されている。
＊終わり（筆者の主張）
・ニュースは制作者が意図や（　　　）を持って編集したものなので、自分なりに判断していくことが大切である。

得点UPポイント

具体例を押（お）さえる！

☑ この文章では、いくつもの具体例を挙げながら説明が進んでいく。
☑ 具体例の内容と、そこから読み取れる筆者の主張を確（かく）認（にん）しながら読もう。

左の文章での具体例と、それによって伝えたいことは何かな？

ニュースの見方を考えよう

タイムトライアル 8分

解答 p.18

1 読解問題 文章を読んで、問いに答えなさい。

教科書185ページ14行〜186ページ9行

私は以前、あるテレビ局の記者でした。新聞記者と同じように、現場で取材して原稿を書く仕事をしていました。大きな出来事が起こると、カメラマンといっしょに街頭インタビューに飛び出すことも多かったのです。①このとき、どこに取材に行くか、ということをまず判断しなければなりません。

渋谷駅周辺で平日の午後にインタビューをしたことがあります。ところが、歩いている若い人にマイクを向けても、そもそもニュースについて知らなかったり、自分の意見を持っていなかったりして、全くインタビューになりませんでした。

このときは、困ってしまって銀座に移動。夕方の銀座を歩いている人にマイクを向けると、こちらは会社帰りのサラリーマンが多く、次々に真面目な答えをしてくれました。あっという間に、大勢のインタビューが採れたのです。でも、②これはこれで困ったものです。だって、インタビューに出てくるのは、「銀座の街を歩いているサラリーマン」という限られた人たちばかりだからです。

テレビの世界では、どんなインタビューを採るか、ということを先に決めてから行く場所を決める、ということもしばしばです。つまり、③街頭インタビューをどこで行うか、ということを決める段階で、番組制作者の判断が行われているのです。

池上 彰「ニュースの見方を考えよう」より

(1) ——線①「このとき」とはどんなときですか。次の文の□に当てはまる言葉を文章中から抜き出しなさい。

□に行くとき。

ヒント 「どこに取材に行くか」判断するときを、前の部分から探そう。

(2) ——線②「これはこれで困ったものです」とありますが、どんな点に困るのですか。次の文の□に当てはまる言葉を文章中から抜き出しなさい。

インタビューに答える人が□人たちばかりになる点。

ヒント 銀座でのインタビューで困った点を、後の文から読み取ろう。

(3) ——線③「街頭インタビューをどこで行うか、ということを決める段階で、番組制作者の判断が行われているのです」とありますが、このために番組はどうなってしまいますか。次から一つ選び、記号で答えなさい。

ア 番組制作者の予想しなかった内容になってしまう。
イ 番組制作者の好きな場所ばかりになってしまう。
ウ 番組制作者の意図に沿った内容になってしまう。

(　　)

ヒント 制作者が場所を決めるということはどういうことか考えよう。

ぴたトレ 3 確認テスト

ニュースの見方を考えよう

時間20分 ／100点 合格75点 解答 p.19

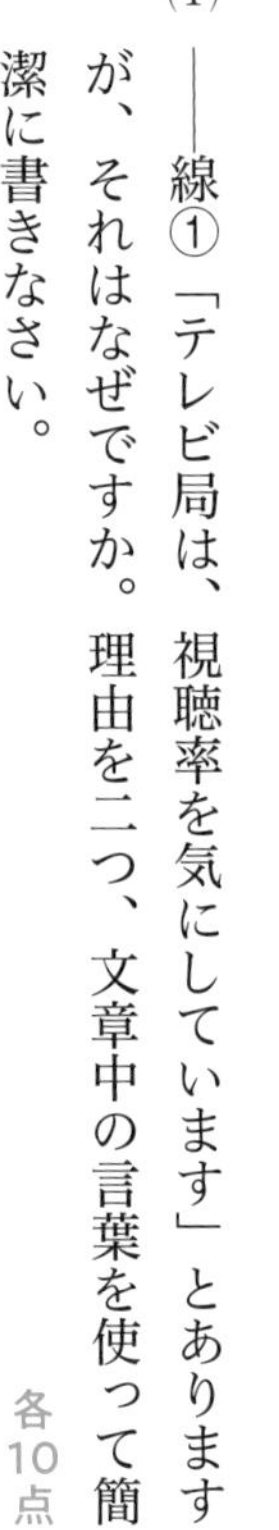

1 思考・判断・表現

文章を読んで、問いに答えなさい。

教科書187ページ31行〜189ページ19行

①テレビ局は、視聴率を気にしています。民放では、視聴率が高いとスポンサーからの広告料がたくさん入ってくるし、どのテレビ局だって、なるべく多くの人に見てもらおうと考えますから、視聴率を意識します。

それでも②ニュース番組に関しては、以前は視聴率のことをあまり考えませんでした。そもそも「ニュースは視聴率が低いもの」と考えられていたので、視聴率を意識しないで番組を作っていたのです。放送局の社会的責任としてニュース番組も流すけれど、視聴率は高くないから、もうかるものではない、と割り切っていたのです。

ところが最近は、ニュースの視聴率が高くなってきました。民放各局は、「ニュースでもお金になる。」と考えるようになったのです。そうなると、「高い視聴率が取れるニュース番組を作れ。」ということになってきます。

そこで、ニュースの冒頭に、ショッキングな映像が出てきたり、かわいい動物の姿が紹介されたり、「行列のできるラーメン店」の特集が行われたり、ということになってきました。本当の意味で

よく出る

(1) ――線①「テレビ局は、視聴率を気にしています」とありますが、それはなぜですか。理由を二つ、文章中の言葉を使って簡潔に書きなさい。 各10点

(2) ――線②「ニュース番組に関しては、以前は視聴率のことをあまり考えませんでした」とありますが、以前、テレビ局はニュース番組を流すことをどう考えていたのですか。文章中から五字で抜き出しなさい。 10点

(3) ――線③『うそではないけれど、ちょっと誇張した』内容が交じることもあります。大げさなコメントとともに、はでな音楽がバックに流れることもあります」とありますが、筆者はこのことを何という言葉で表していますか。文章中から二字で抜き出しなさい。 10点

(4) ――線④「そうしたニュース」とは、どのようなニュースですか。文章中の言葉を使って書きなさい。 15点

(5) 筆者は、ニュースを見るとき、どのような見方をするとよいと述べていますか。次から三つ選び、記号で答えなさい。 完答10点

ア ニュースは客観的なものなので、疑いを持たずに見る。
イ 使われている表現などをそのまま信じず、考えながら見る。
ウ 新聞やインターネットなどで、同じニュースについて調べる。
エ キャスターやコメンテーターの発言に疑問を持ちながら聞く。
オ キャスターなどの発言で印象に残った表現をメモする。
カ 自分の周りの人とニュースについて論じながら見る。

考える

(6) この文章で筆者が最も伝えたいのはどんなことですか。文章中の言葉を使って書きなさい。 15点

はたいしたニュースでないものでも、「視聴者が飛びつきそうなもの」を優先的に放送するようになってきたのです。

　なかには、視聴者におもしろく見てもらおうと考えて、③「うそではないけれど、ちょっと誇張した」内容が交じることもあります。大げさなコメントとともに、はでな音楽がバックに流れることもあります。

　つまり、ニュースも演出されているのです。

　私たちが、ふだん何気なく見ているテレビのニュース。実はそれらも、制作者が意図やねらいを持って編集したものだというこ とが、お分かりいただけたと思います。
　④そうしたニュースを、そのまま信じてしまわないで、「どうして、このニュースから伝えるんだろう。」「こんな表現、本当かな。」などと考えながら見る習慣を、少しずつ身につけてほしいと思うのです。
　そして、テレビのキャスターやコメンテーターの発言も、「そんなふうに考えていいのかな。」と疑問に思いながら聞く。そんなことを心がけてください。あるいは、「自分だったら、どんなコメントをするだろう。」と考えて、キャスターやコメンテーターと競い合ってみるのです。ときには、新聞やインターネットなどで、同じニュースについてどのように伝えられたり論じられたりしているかを、調べてみるとよいでしょう。

　ニュースの受け手でいるだけでなく、ニュースを自分なりに判断していく。これが、いずれ社会人になるあなたにとってだいじなことだと思うのです。

池上 彰「ニュースの見方を考えよう」より

2 ――線の片仮名を漢字で書きなさい。　各5点

① シブヤで買い物をする。
② フンソウのない平和な世界。
③ センパイに相談する。
④ 父をホコりに思う。

1 (1)	1 (2)	1 (3)	1 (4)	1 (5)	1 (6)	2 ①	2 ②	2 ③	2 ④

ぴたトレ 1 要点チェック

文法の窓5 連体詞・副詞・接続詞・感動詞

解答 p.19

1 新しく習った漢字 読み仮名を書きなさい。

① 刈る（　　）　② 洗濯（　　）

2 これまでに習った漢字 読み仮名を書きなさい。

① 冒頭（　　）　② 賢い（　　）　③ 特徴（　　）　④ 吹く（　　）

3 重要語句 正しい意味を下から選び、記号で答えなさい。

①（　）修復　　ア 文章や話の初めの部分。
②（　）冒頭　　イ 二つ以上のものをつなげること。
③（　）接続　　ウ ゆったりとした気分で休む。
④（　）本題　　エ 中心となる表題。
⑤（　）くつろぐ　　オ 直して元通りにすること。

「修復」は、「関係を修復する」など、物以外を直すときにも使うよ。

スタートアップ

連体詞　連体修飾語だけになる。

- 「～の」型 例 この・どの
- 「～な」型 例 大きな
- 「～た（だ）」型 例 たいした
- 「～る」型 例 ある

副詞　主に連用修飾語になる。

- 状態の副詞…動作の様子を表す。擬音語や擬態語も状態の副詞。例 いきなり・そっと
- 程度の副詞…ある状態の程度を表す。例 たいそう・かなり
- 呼応の副詞（陳述の副詞・叙述の副詞）…下にきまった言い方を求める。例 どうして・たぶん

接続詞　接続語になる。

- 順接…前後の事柄の関係が素直に考えられる。例 だから・そこで
- 逆接…前後の事柄の関係が逆になっている。例 しかし・だが
- 累加・並立…事柄を付け加えたり並べたりする。例 なお・また
- 説明・補足…後で説明や付け足しをする。例 つまり・なぜなら
- 対比・選択…前後を比べたり選んだりする。例 または
- 転換…別の事柄を持ち出す。例 ところで・では

感動詞　独立語だけになる。例 あっ・さあ・はい

ぴたトレ2 練習

文法の窓5 連体詞・副詞・接続詞・感動詞

解答 p.19

1 次の――線の連体詞が修飾している語を抜き出しなさい。

① 妹はいろんな色で絵をぬった。
② とんだことになったものです。
③ その白い花は、ゆりの仲間です。
④ 来る十月十日に運動会が行われる。

2 次の――線の副詞の種類を後から一つずつ選び、記号で答えなさい。

① ここまで上るとずいぶん高く感じられる。
② 午後の太陽がぎらぎら照りつけた。
③ ここからでは、花火が少しも見えない。

ア 状態の副詞　**イ** 程度の副詞　**ウ** 呼応の副詞

3 次の文から接続詞を抜き出しなさい。また、その接続詞の働きを後から一つずつ選び、記号で答えなさい。

① 遠足の行き先は、水族館、または博物館です。
② レストランに行った。しかし、休みだった。
③ 天候が悪化した。だから、登山は中止になった。
④ 話は以上です。ところで、お父さんはお元気ですか。
⑤ おもしろい映画だった。また、感動もした。
⑥ ぼくは欠席する。なぜなら、用事があるからだ。

ア 順接　**イ** 逆接　**ウ** 累加・並立
エ 説明・補足　**オ** 対比・選択　**カ** 転換

4 次のア～キの――線の言葉を①連体詞、②副詞、③接続詞、④感動詞にそれぞれ分類して、記号で答えなさい。

ア これからただちに取りかかろう。
イ お年寄りおよび子供が中心だ。
ウ 真冬のある日、珍しい人物が訪れた。
エ ああ、なんて美しい景色だ。
オ ぜひうちに遊びに来てください。
カ 小さな子供たちも懸命に働いた。
キ 終わりましたか。それとも、まだですか。

1		2	3			4	
①	③	①	①	③	⑤	①	③
②	④	②	②	④	⑥	②	④
		③					

ぴたトレ 1
要点チェック

漢字道場5　漢字の成り立ち

解答 p.20

1 新しく習った漢字　読み仮名を書きなさい。

①（　）炎上　②（　）囚人　③（　）猿　④（　）弦楽
⑤（　）溶媒　⑥（　）楽譜　⑦（　）摩擦　⑧（　）姓名
⑨（　）犠牲　⑩（　）符号　⑪（　）附属　⑫（　）且つ
⑬（　）租税　⑭（　）阻止　⑮（　）狙撃　⑯（　）選択
⑰（　）抄訳　⑱（　）一斤　⑲（　）巨匠

2 重要語句　正しい意味を下から選び、記号で答えなさい。

①（　）溶媒　**ア** もとの文章の一部を抜き出して翻訳すること。
②（　）抄訳　**イ** 溶液において他の成分をとかしている液体。
③（　）巨匠　**ウ** ある特定の分野で際立って優れた人。

スタートアップ

漢字は、成り立ちや使い方から六通りに分類でき、これを六書という。

● 象形…物をかたどって漢字を作ること。

例  →  → 山

● 指事…形のない物事を、点や線で表すこと。

例 一・上・本

● 会意…二つ以上の漢字を組み合わせ、それぞれの意味を生かした新しい漢字を作ること。

例 山＋石→岩　火＋火→炎

● 形声…意味の要素と音の要素を組み合わせて、新しい漢字を作ること。例 水（みず）＋先（セン）→洗

● 転注…元の意味と関係のある別の意味に、使い方を広げること。

例 楽（元は「おんがく」という意味→「たのしい」）

● 仮借…元の意味とは関係なく、音だけを借りて表すこと。

例 我・亜米利加（アメリカ）

このほかに、日本で独自に作られた漢字を「国字」といい、「畑」「働」などがあるよ。

ぴたトレ 2 練習

漢字道場5　漢字の成り立ち

1 次の文は、どの漢字の成り立ちについて説明したものですか。漢字で書きなさい。

① 意味の要素と音の要素を組み合わせて作ること。
② 元の意味と関係のある別の意味に、使い方を広げること。
③ 形のない物事を、点や線で表すこと。
④ 物をかたどって漢字を作ること。

2 次の漢字はア～エのどれに当たりますか。記号で答えなさい。

① 馬　② 油
③ 囚　④ 末
⑤ 車　⑥ 森
⑦ 天　⑧ 問

ア 象形　**イ** 指事　**ウ** 会意　**エ** 形声

3 次の漢字の中から指事文字を四つ選び、記号で答えなさい。

ア 下　**イ** 木　**ウ** 二
エ 本　**オ** 大　**カ** 寸

4 次の会意文字を作っている元の二つの漢字を書きなさい。

① 休　② 看　③ 曇　④ 鳴

5 次の形声文字の意味の要素と音の要素を書きなさい。

① 摩　② 閣　③ 涙　④ 偏

6 次の外国の国名・地名を片仮名で書きなさい。

① 倫敦　② 阿蘭陀　③ 紐育

解答 p.20

1		2		3	4		5		6	
①	③	①	⑤		①	③	① 意味 ／ 音	③ 意味 ／ 音	①	③
		②	⑥		＋	＋				
②	④	③	⑦		②	④	② 意味 ／ 音	④ 意味 ／ 音	②	
		④	⑧		＋	＋				

ぴたトレ 1 要点チェック

わたしの中にも

新川和江

解答 p.20

1 これまでに習った漢字 読み仮名を書きなさい。

① 伸びる（　　）　② 吹く（　　）　③ 舞う（　　）　④ 気配（　　）
⑤ 告げる（　　）　⑥ 群がる（　　）

2 重要語句 正しい意味を下から選び、記号で答えなさい。

①（　）天上　　ア 慣れていなくて新鮮な様子。
②（　）羽化　　イ 何となく漠然と感じられる様子。
③（　）ういういしい　　ウ 空のうえ。
④（　）気配　　エ 昆虫が成虫になること。

「つくし」「つばな」「ポプラ」「もんしろ蝶」「もんき蝶」など詩に出てくる植物や昆虫も調べてみよう。

スタートアップ

表現技法の効果

① 比喩…イメージを広げ、たとえられたものの印象を強める。
② 反復…言葉の繰り返しによってリズムを作り、感動を強める。
③ 対句…語の配置によってリズムを作り、印象を強める。
④ 倒置…入れ替えた内容を強調する。
⑤ 体言止め…読み手に注目させ、強い印象や余韻を残す。
⑥ 省略…余韻を残し、読み手の想像を深める。

情景の描写

- 季節・場所・時刻などの情景を押さえ、詩の場面を想像する。
- 詩の情景描写に作者の心情が表されていることもある。

➡「わたしの中にも」の詩では、第一連と第三連の情景描写が、「わたしの中」の変化をたとえている。

作者の心情を捉える

- 表現技法を使って、印象を強めている部分に注目する。
- 情景描写の中に、作者の感動の中心が表現されていることもある。

左の詩で、作者の感動の中心はどこにあるかな？

わたしの中にも

タイムトライアル 8分

解答 p.20

1 読解問題 詩を読んで、問いに答えなさい。

教科書208ページ1行〜209ページ9行

わたしの中にも　　新川和江

つくし　つばな
つんつん伸びる
丘のポプラには較べくもないけれど
天に向かって
まっすぐ　背伸びして

わたしの中にも　そのように
せいいっぱい伸びようとするものが
ある
どんなに低くとも　そこはもう天
光がみち　天上の風が吹いている

もんしろ蝶　もんき蝶
ひらひら舞い立つ
羽化したばかりの
まだ濡れているういういしい羽をひ
　ろげて
はじめての空に

わたしの中にも　そのように
ことばのひらく気配がある
たくさんの人に
春のよろこびを伝えることば
ひとりのひとに
思いを告げるただひとつのことば

新川和江「わたしの中にも」〈「それから光がきた」〉より

(1) 第二連に「そのように」とありますが、どのようにですか。次の文の□に当てはまる言葉を詩の中から抜き出しなさい。

□や□が天に向かって□するように。

ヒント 第一連の内容をまとめよう。

(2) 第四連で使われている表現技法を次から二つ選び、記号で答えなさい。

ア 体言止め　イ 反復　ウ 対句
エ 倒置　オ 比喩

（　）（　）

ヒント 最後の四行の構成や行末の言葉に着目しよう。

(3) この詩の鑑賞文を次のようにまとめました。□に当てはまる言葉を詩の中から抜き出しなさい。

「わたし」の中にある□とする気持ちや、自分の思いを人に伝える□がひらく気配を、情景描写に託して伝えようとしている。

ヒント 植物や蝶の例を挙げながら、何を伝えようとしたのか考えよう。

ぴたトレ 1 要点チェック

トロッコ

芥川龍之介（あくたがわりゅうのすけ）

解答 p.20

1 新しく習った漢字　読み仮名を書きなさい。

①運搬（　　）　②初旬（　　）　③泥（　　）　④勾配（　　）

⑤薄暮（　　）　⑥有頂天（　　）　⑦野郎（　　）　⑧記憶（　　）

⑨色彩（　　）　⑩褒める（　　）　⑪爪（　　）　⑫崖（　　）

⑬乳飲み子（　　）　⑭頑丈（　　）　⑮駄菓子（　　）　⑯掛ける（　　）

⑰蹴る（　　）　⑱邪魔（　　）　⑲草履（　　）　⑳足袋（　　）

㉑門口（　　）　㉒朱筆（　　）

2 重要語句　正しい意味を下から選び、記号で答えなさい。

①（　　）おずおず　　ア　こわごわ。

②（　　）取って付けたような　　イ　わざとらしい様子。

3 登場人物　物語に出てくる言葉を書きなさい。

①（　　　　）…八つの年、トロッコ見たさに毎日、村外れの工事を見物に行った。

② 麦わら帽をかぶった背の高い（　　　　）…勝手にトロッコを触った良平たちを怒鳴る。

③ 二人の若い土工…親しみやすいと感じ、一緒にトロッコを押す。

4 情景描写

・「両側のみかん畑に、黄色い実がいくつも日を受けている。」（教科書213ページ21行）

→（良平の心情）トロッコを押せる**喜び**を感じる。

・「高い崖の向こうに、広々と薄ら寒い海が開けた。」（教科書214ページ2行）

→（良平の心情）遠くまで来すぎたと気づき**不安**を感じる。

得点UPポイント

情景描写に注目する！

☑「トロッコ」では、情景描写がその場面での登場人物の心情を反映している。

☑ 各場面での主人公の心情を確認しながら読もう。

左の文章では、みかん畑の情景描写に、主人公の気持ちが反映されているよ。

ぴたトレ 2

練習

トロッコ

タイムトライアル 8分

解答 p.21

1 読解問題　文章を読んで、問いに答えなさい。

教科書213ページ9行〜35行

そのうちに線路の勾配は、だんだん楽になり始めた。「もう押さなくともいい。」——良平は今にも言われるかと内心気がかりでならなかった。が、若い二人の土工は、前よりも腰を起こしたぎり、黙々と車を押し続けていた。良平はとうとうこらえきれずに、おずおずこんなことを尋ねてみた。

「いつまでも押していていい？」

「いいとも。」

二人は同時に返事をした。良平は「①優しい人たちだ。」と思った。

五、六町余り押し続けたら、線路はもう一度急勾配になった。そこには両側のみかん畑に、黄色い実がいくつも日を受けている。

「登り道のほうがいい、いつまでも押させてくれるから。」——良平はそんなことを考えながら、全身でトロッコを押すようにした。

みかん畑の間を登り詰めると、急に線路は下りになった。しまのシャツを着ている男は、良平に「やい、乗れ。」と言った。②良平はすぐに飛び乗った。トロッコは三人が乗り移ると同時に、みかん畑の匂いをあおりながら、ひた滑りに線路を走りだした。「押すよりも乗るほうがずっといい。」——良平は羽織に風をはらませながら、あたりまえのことを考えた。「行きに押すところが多ければ、帰りにまた乗るところが多い。」——そうも考えたりした。

芥川龍之介「トロッコ」〈「芥川龍之介全集」〉より

(1) ——線①「良平は『優しい人たちだ。』と思った」とありますが、それはなぜですか。次の文の□に当てはまる言葉を、文章中から抜き出しなさい。

良平が□を押し続けることを、二人ともすぐに□をして許してくれたから。

ヒント　直前の良平と土工たちのやり取りに着目しよう。

(2) 良平の、トロッコを押し続けることができる喜びが色彩を用いて表されている情景描写を文章中から一文で探し、初めの五字を書きなさい。

ヒント　色を用いた明るい情景が描かれている部分を探そう。

(3) ——線②「良平はすぐに飛び乗った」とありますが、このとき、良平はどんな気持ちでしたか。次から一つ選び、記号で答えなさい。

ア　ずっと押すつもりのトロッコに乗れと言われ、驚く気持ち。
イ　トロッコに乗ることができて、うれしくてたまらない気持ち。
ウ　早く乗らないと土工に怒られそうで、あせる気持ち。

（　　）

ヒント　「すぐに」という行動や良平の心内語の部分から読み取ろう。

ぴたトレ 3
確認テスト①

トロッコ

時間20分
／100点
合格75点
解答 p.21

1 思考・判断・表現 文章を読んで、問いに答えなさい。

教科書214ページ5行〜215ページ16行

三人はまたトロッコへ乗った。車は海を右にしながら、雑木の枝の下を走っていった。しかし良平はさっきのように、①おもしろい気持ちにはなれなかった。「もう帰ってくれればいい。」——彼はそうも念じてみた。が、行くところまで行き着かなければ、トロッコも彼らも帰れないことは、もちろん彼にも分かりきっていた。

その次に車の止まったのは、切り崩した山を背負っている、わら屋根の茶店の前だった。二人の土工はその店へ入ると、乳飲み子をおぶったかみさんを相手に、悠々と茶などを飲み始めた。良平はひとりいらいらしながら、トロッコの周りを回ってみた。トロッコには頑丈な車台の板に、跳ね返った泥が乾いていた。

しばらくのち茶店を出てきしなに、巻きたばこを耳に挟んだ男は、（そのときはもう挟んでいなかったが）トロッコのそばにいる良平に新聞紙に包んだ駄菓子をくれた。②良平は冷淡に「ありがとう。」と言った。が、すぐに冷淡にしては、相手にすまないと思い直した。彼はその冷淡さを取り繕うように、包み菓子の一つを口へ入れた。菓子には新聞紙にあったらしい、石油の臭いが染み付いていた。

三人はトロッコを押しながら緩い傾斜を登っていった。良平は車に手を掛けていても、心はほかのことを考えていた。

その坂を向こうへ下りきると、また同じような茶店があった。土

(1) ——線①「おもしろい気持ちにはなれなかった」とありますが、それはなぜですか。次から一つ選び、記号で答えなさい。 10点

ア トロッコに乗ることに飽きてきたから。
イ 帰ることばかりが気になっていたから。
ウ トロッコを押すのに疲れてしまったから。
エ トロッコに乗るのは危険だと分かったから。

(2) 良平のあせる気持ちが、良平の目から見た土工たちの行動に表れている部分があります。その部分を文章中から十二字で探し、初めの五字を書きなさい。 10点

(3) ——線②「良平は冷淡に『ありがとう。』と言った」とありますが、良平が冷淡に言ったのはなぜですか。「早く帰りたくて、」に続けて書きなさい。 10点

よく出る
(4) 良平がトロッコを押すことに意欲を失っていることが分かる一文を文章中から探し、初めの五字を書きなさい。 10点

(5) ——線③「トロッコの車輪を蹴ってみたり、一人では動かないのを承知しながらうんうんそれを押してみたり」とありますが、このとき、良平はどんな気持ちでしたか。「目的地」という言葉を使って書きなさい。 10点

(6) ——線④「良平は一瞬間あっけにとられた」とありますが、その理由が書かれている一文を文章中から探し、初めの五字を書きなさい。 10点

考える
(7) ——線⑤「取って付けたようなお辞儀をすると」とありますが、良平がそんなお辞儀をしたのは、どんな気持ちだったからですか。簡潔に答えなさい。 20点

工たちがその中へ入った後、良平はトロッコに腰をかけながら、帰ることばかり気にしていた。茶店の前には花の咲いた梅に、西日の光が消えかかっている。「もう日が暮れる。」――彼はそう考えると、ぼんやり腰かけてもいられなかった。③トロッコの車輪を蹴ってみたり、一人では動かないのを承知しながらうんうんそれを押してみたり、――そんなことに気持ちを紛らせていた。

　ところが土工たちは出てくると、車の上の枕木に手を掛けながら、無造作に彼にこう言った。

「われはもう帰んな。俺たちは今日は向こう泊まりだから。」

「あんまり帰りが遅くなるとわれのうちでも心配するずら。」

④良平は一瞬間あっけにとられた。もうかれこれ暗くなること、去年の暮れ母と岩村まで来たが、今日の道はその三、四倍あること、それを今からたった一人、歩いて帰らなければならないこと、――そういうことが一時に分かったのである。良平はほとんど泣きそうになった。が、泣いてもしかたがないと思った。泣いている場合ではないとも思った。彼は若い二人の土工に、⑤取って付けたようなお辞儀をすると、どんどん線路伝いに走りだした。

芥川龍之介「トロッコ」〈「芥川龍之介全集」〉より

2 ――線の片仮名を漢字で書きなさい。　各5点

① 荷物をウンパンする。
② キオクに残る。
③ シキサイ豊かな絵を描く。
④ 先生からホめられる。

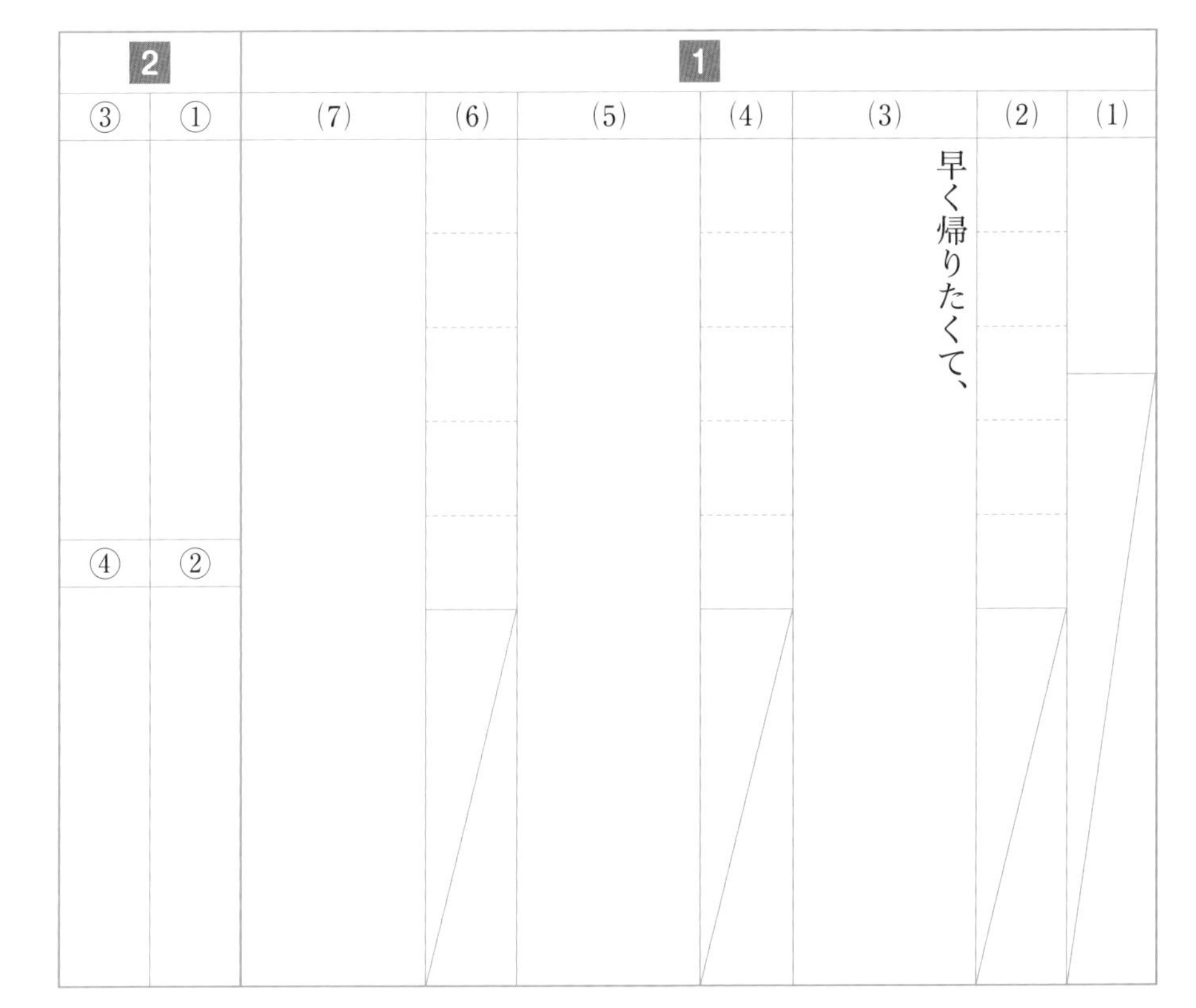

1 (1)	1 (2)	1 (3)	1 (4)	1 (5)	1 (6)	1 (7)	2 ①	2 ②	2 ③	2 ④
		早く帰りたくて、								

ぴたトレ 3

確認テスト②

トロッコ

時間20分

／100点

合格75点

解答 p.21

1 思考・判断・表現 文章を読んで、問いに答えなさい。

教科書215ページ27行〜217ページ16行

竹やぶのそばを駆け抜けると、夕焼けのした日金山の空も、もうほてりが消えかかっていた。良平はいよいよ気が気でなかった。行きと帰りと変わるせいか、景色の違うのも不安だった。すると今度は着物までも、汗のぬれ通ったのが気になったから、やはり必死に駆け続けたなり、①羽織を道端へ脱いで捨てた。

みかん畑へ来る頃には、辺りは暗くなる一方だった。「命さえ助かれば。」――良平はそう思いながら、滑ってもつまずいても走っていった。

やっと遠い夕闇の中に、村外れの工事場が見えたとき、良平はひと思いに泣きたくなった。しかし②そのときもべそはかいたが、とうとう泣かずに駆け続けた。

彼の村へ入ってみると、③もう両側の家々には、電灯の光が差し合っていた。良平はその電灯の光に、頭から汗の湯気の立つのが、彼自身にもはっきり分かった。井戸端に水をくんでいる女衆や、畑から帰ってくる男衆は、良平があえぎあえぎ走るのを見ては、「おいどうしたね？」などと声を掛けた。が、彼は無言のまま、雑貨屋だの床屋だの、明るい家の前を走り過ぎた。

彼のうちの門口へ駆け込んだとき、④良平はとうとう大声に、わっと泣きださずにはいられなかった。その泣き声は彼の周りへ、一時に父や母を集まらせた。殊に母は何とか言いながら、良平の体を抱

(1) ――線①「羽織を道端へ脱いで捨てた」とありますが、このようにしたのはなぜですか。文章中の言葉を使って書きなさい。 10点

(2) 良平の必死の思いが分かる七字の言葉を、二番目の段落から抜き出しなさい。 10点

(3) ――線②「そのときもべそはかいたが、とうとう泣かずに駆け続けた」とありますが、なぜそうしたのですか。次から一つ選び、記号で答えなさい。 10点

ア 見間違いかもしれないと思ったから。
イ まだ完全には安心できなかったから。
ウ 疲れ果てて、泣く気力もなかったから。
エ 村人に見られるのが恥ずかしかったから。

(4) ――線③「もう両側の家々には、電灯の光が差し合っていた」とありますが、ここから、辺りの様子についてどんなことが分かりますか。 10点

よく出る (5) ――線④「良平はとうとう大声に、わっと泣きださずにはいられなかった」とありますが、なぜですか。簡潔に答えなさい。 15点

(6) この文章を二つに分けるとき、後半はどこから始まりますか。後半の初めの五字を書きなさい。 10点

考える (7) ――線⑤「塵労に疲れた彼の前には今でもやはりそのときのように、薄暗いやぶや坂のある道が、細々と一筋断続している」とありますが、これはどのような意味ですか。「現在の人生」という言葉を使って書きなさい。 15点

えるようにした。が、良平は手足をもがきながら、すすり上げすすり上げ泣き続けた。その声があまり激しかったせいか、近所の女衆も三、四人、薄暗い門口へ集まってきた。父母はもちろんその人たちは、口々に彼の泣く訳を尋ねた。しかし彼は何と言われても泣き立てるよりほかにしかたがなかった。あの遠い道を駆け通してきた、今までの心細さを振り返ると、いくら大声に泣き続けても、足りない気持ちに迫られながら、……

良平は二十六の年、妻子といっしょに東京へ出てきた。今ではある雑誌社の二階に、校正の朱筆を握っている。が、彼はどうかすると、全然何の理由もないのに、そのときの彼を思い出すことがある。全然何の理由もないのに？――⑤塵労に疲れた彼の前には今でもやはりそのときのように、薄暗いやぶや坂のある道が、細々と一筋断続している。……

芥川龍之介「トロッコ」〈「芥川龍之介全集」〉より

2 ――線の片仮名を漢字で書きなさい。

① 急コウバイを上る。
② チノみ子を育てる。
③ ボールをケる。
④ ゾウリをはく。

各5点

2		**1**						
③	①	(7)	(6)	(5)	(4)	(3)	(2)	(1)
④	②							

ぴたトレ1 要点チェック

そこに僕(ぼく)はいた

辻(つじ) 仁成(ひとなり)

解答 p.22

1 これまでに習った漢字 読み仮名を書きなさい。

①響く（　） ②あの頃（　） ③掘る（　） ④詰める（　）
⑤離れる（　） ⑥皆（　） ⑦抱える（　） ⑧足踏み（　）
⑨感触（　） ⑩伴う（　） ⑪転倒（　） ⑫途中（　）
⑬道端（　） ⑭狙う（　） ⑮避ける（　） ⑯捕る（　）
⑰泥（　） ⑱叫ぶ（　） ⑲黙る（　） ⑳突然（　）

2 重要語句 正しい意味を下から選び、記号で答えなさい。

①（　）ばつが悪い
②（　）無頓着(むとんじゃく)
③（　）えも言われぬ

ア 言葉で言い表せないほどの。
イ きまりが悪い。気まずい。
ウ 全く気にかけないで平気な様子。

3 登場人物 物語の登場人物を書きなさい。

①（　）…主人公。小学校三年生の頃、餓鬼(がき)大将だった。
②（　）…①の友達。義足。
③弟…①の二歳(さい)年下。

4 「僕」の心情の変化 物語に出てくる言葉を書きなさい。

①あーちゃんの義足の金具の音が（　）だった。
　↓
②石投げ遊びの最中に、あーちゃんの投げた石が目に刺(さ)さるが、あーちゃんを責めない。月日が流れるうち、義足の金具の音も気にならなくなる。
　↓
③あーちゃんが義足である理由を知り、あーちゃんをすごく（　）になり始める。

得点UPポイント

人物像を捉(とら)える！

☑「そこに僕はいた」では、登場人物の性格を表す言葉が多く見られる。
☑登場人物の人物像を押(お)さえた上で物語を読み進めよう。

左の文章では、あーちゃんの性格が描(えが)かれているよ。

ぴたトレ 2

練習

そこに僕はいた

タイムトライアル 8分

解答 p.22

1 読解問題 文章を読んで、問いに答えなさい。 教科書273ページ26行〜274ページ19行

①「あの子はね、体が不自由なんだから、いっしょに遊ぶときは気をつけるのよ。もしものことがあったら皆の責任になるんだからね。」

僕はきき返した。あの子とは遊ばないほうがいいわよ、と聞こえたからだ。

「どうして？　あの子と遊んじゃいけないかとですか？」

その人はちょっとばつが悪そうな顔をして、

「そうじゃないけども、もしも事故でも起きたらたいへんでしょ。ぼくは責任とれるの。」

と言い捨ててそそくさと去るのだった。同じような意味のことを僕は他の人からも二、三度聞かされた。僕はそれ以来その言葉が持つ意味を抱えてひとり複雑な気分になったものだ。両親にも相談できなかった。もし相談して自分の親があの女性と同じようなことを言ったら、と考えると足踏みをした。いまだにあの女性の声は僕の耳奥（みみおく）に焼き付いている。何だかむかむかするざらついた感触を伴って。

しかしあーちゃんは無頓着というのかおおらかというのか、そんな雑音など一切（いっさい）気にすることのない元気な性格を持っていたのだ。そして更（さら）にあーちゃんは人一倍負けず嫌（ぎら）いでもあった。その負けず嫌いのせいで②僕は彼（かれ）とときどきしっくりこないこともあったのだが。

辻 仁成「そこに僕はいた」より

(1) ――線①「あの子はね、体が不自由なんだから、いっしょに遊ぶときは気をつけるのよ。もしものことがあったら皆の責任になるんだからね」について、次の問いに答えなさい。

① このような言葉を聞いて、「僕」はどのような気持ちになりましたか。文章中から五字で抜（ぬ）き出しなさい。

ヒント 「僕」の気持ちを表す言葉を探そう。

② 「あーちゃん」はこのような言葉をどのように受け取りましたか。次から一つ選び、記号で答えなさい。

ア 全く気にしなかった。

イ 傷つき落ち込（こ）んだ。

ウ 気にしていないふりをしていた。

（　　）

ヒント 「無頓着」「おおらか」「元気」という性格に着目しよう。

(2) ――線②「僕は彼とときどきしっくりこないこともあった」とありますが、それはなぜですか。次の文の□に当てはまる言葉を文章中から抜き出しなさい。

あーちゃんが□だったから。

ヒント あーちゃんのもう一つの性格を表す言葉を探そう。

ぴたトレ 3 確認テスト

そこに僕はいた

時間20分 ／100点 合格75点

解答 p.23

1 思考・判断・表現 文章を読んで、問いに答えなさい。

教科書275ページ33行〜277ページ4行

そんなあるとき、僕はあーちゃんが投げた石が目に入り危うく失明しそうになったことがあった。そのとき広場は日が暮れだしていて暗くなりかけていたのだ。僕たちは敵味方に分かれて石投げ遊びをしていたのである。あーちゃんは僕を狙ったわけではなかった。僕の前にいた弟を目がけて投げたのだ。石投げのルールは絶対顔を狙わないというものだったが、彼の場合義足のせいでバランスが取れなかったのである。僕の前にいた弟はあーちゃんの投げる石を難なくよけたのだが、僕はその暗さのせいも重なって避けることができなかったのだ。弟が体をひねった瞬間、僕の目には一瞬あーちゃんの姿が見えた。そして、次には①僕の目に石が刺さったのである。石を投げた張本人は僕に謝りもせず、痛さで転げ回る僕をただじっと見下ろしているだけだった。

その後がたいへんだった。僕はすぐに皆を解散させ、弟とうちへ戻ったのだ。目はずきずきと痛かったが、②そのことは親にはないしょにしておけよと弟にくぎを刺した。石投げという危ない遊びをしていたことを両親にとがめられたくなかったこともあったが、もしもそれがあーちゃんが投げた石のせいだと知ったとき僕の両親や他の子供たちの母親がとるだろう態度が気になったからでもあった。しかし、痛みは引くどころかますますひどくなり、子供部屋でうなっている僕を心配した弟が親にばらしてしまうのだ。僕はすぐに

(1) ――線①「僕の目に石が刺さった」とありますが、そのときの様子を次から一つ選び、記号で答えなさい。 10点

ア バランスをくずしたあーちゃんが「僕」の前の弟を狙い石を投げ、弟は避けたが、「僕」は避けられなかった。

イ ルールを守らなかったあーちゃんが弟を狙って石を投げたが、その石が弟のすぐ後ろにいた「僕」に当たってしまった。

ウ うまくバランスの取れないあーちゃんが「僕」の前の弟を狙って石を投げたが、コントロールが悪く「僕」に当たった。

(2) よく出る ――線②「そのことは親にはないしょにしておけよと弟にくぎを刺した」とありますが、「僕」がそうしたのはなぜですか。理由を二つ、それぞれ簡潔に答えなさい。 各10点

(3) ――線③「弟が何か言おうとして」とありますが、弟は何を言おうとしたのですか。 10点

(4) ――線④「なぜだか分からないが気がつくと僕はそれを制していた」とありますが、「僕」が弟を制した理由が分かる一文を文章中から探し、初めの五字を書きなさい。 10点

(5) ――線⑤「それ」は、何を指していますか。文章中から抜き出しなさい。 5点

(6) あーちゃんの性格を次から二つ選び、記号で答えなさい。 各5点

ア 親切　イ プライドが高い　ウ 頑固
エ 優しい　オ 意地悪

(7) 考える ――線⑥「あーちゃんの手が僕の手を握ってきた」とありますが、あーちゃんはなぜ手を握ってきたのだと考えられますか。「ハンディ」「意識」という言葉を使って書きなさい。 15点

病院へ運ばれ治療を受けた。白目のところがぺろりと剥がれていたのである。医者はあとちょっとずれていて角膜に触っていたら間違いなく失明だったよと説明するのだった。

　そしてそれからしばらくの間僕は眼帯を着けて過ごすことになった。しかし、あーちゃんときたら僕の眼帯姿には一言も触れず、またいつものように遊びに参加してきたのである。まるで自分がやったのではないと言わんばかりの態度であった。③弟が何か言おうとしてあーちゃんに詰め寄ったが、④なぜだか分からないが気がつくと僕はそれを制していたのである。片方の目を塞がれたことで、僕には違う何かが見え始めていたのだ。そして僕たちは何もなかったかのようにまた日暮れまで遊ぶのだった。

　やはりあーちゃんといっしょに遊ぶことは気が重かったのだが、月日が流れるうちに⑤それは苦痛ではなくなっていた。彼の義足の金具の音も気にならなくなっていたのである。あーちゃんが僕らの仲間になってどれくらいの時間がたった頃だろう。僕たちは近くのたんぼにかえるを捕りに行ったのだ。たんぼは通過した台風のせいでぬかるんでいた。ちょっとしたくぼみがあって、あーちゃんはそこに足を取られたのである。泥の深みにはまって抜け出せず悪戦苦闘しているあーちゃんに、僕は本当に自然に手を差し出していたのだ。彼がハンディを背負っている人だという意識などみじんもなかった。僕の手は彼の前にごく自然に差し出されていたのである。

　すると不思議なことに⑥あーちゃんの手が僕の手を握ってきたのだ。僕は力まかせに彼の体を引きずり上げるのだった。

辻 仁成「そこに僕はいた」より

2 ――線の片仮名を漢字で書きなさい。　各5点

① ホールに声がヒビく。
② その場でアシブみする。
③ 段差でテントウする。
④ ミチバタで立ち止まる。

1 (1)	1 (2)	1 (3)	1 (4)	1 (5)	1 (6)	1 (7)	2 ①	2 ②	2 ③	2 ④

ぴたトレ 1 要点チェック

「常識」は変化する

古田ゆかり

解答 p.23

1 これまでに習った漢字 読み仮名を書きなさい。

①中継（　） ②汗（　） ③脱水（　） ④喉（　）
⑤我慢（　） ⑥珍しい（　） ⑦洗濯機（　） ⑧需要（　）
⑨影響（　） ⑩及ぼす（　） ⑪肝臓（　） ⑫優れる（　）
⑬含む（　） ⑭互い（　） ⑮与える（　） ⑯鋭い（　）

2 重要語句 正しい意味を下から選び、記号で答えなさい。

①（　）補給　　ア　あれこれと気遣い（きづか）をすること。
②（　）根性（こんじょう）　　イ　不足分をおぎなうこと。
③（　）配慮（はいりょ）　　ウ　よく理解せずそのまま受け入れること。
④（　）うのみ　　エ　物事を最後までやり抜く（ぬ）、強い精神力。

3 内容理解 文章中の言葉を書きなさい。

●それまでよいと思われていたことが、あるときを境にがらりと変わってしまう。＝「常識」が変化する。

例　運動中の水分補給

〈筆者の考え〉

「常識」が変化するのは（　）ことではなく、よくあること。


〈例〉

例1（　）の場合…新しい事実の判明や思いがけない出来事によって、「常識」が変化した例。

例2（　）の場合…時代や価値観の変化によって、「常識」が変化した例。

例3　環境問題の場合…新しい事実の判明と価値観の変化が互いに関連して、「常識」が変化した例。

得点UPポイント

何のために例を挙げているのかを理解する！

☑ 筆者の考え→例1→例2→例3→・まとめ・筆者の考えという文章構成を押（お）さえる。
☑ 筆者が例示によって伝えたいことを読み取る。

左の文章では、水分補給の例を挙げているよ。

ぴたトレ **2**

練習

「常識」は変化する

タイムトライアル **8分**

解答 p.23

1 読解問題 文章を読んで、問いに答えなさい。 教科書280ページ8行〜281ページ9行

激しい運動をすると体温が上がり汗をかきます。汗で体内の水分が減り、体温が高い状態が続くと、体の調子が悪くなり、思うような動きができなくなります。そればかりか、ひどい場合は脱水症状を起こして命の危険を招くこともあります。そのため、①水分を補給する必要があるのです。

②今ではあたりまえになった給水の光景ですが、数十年前は全く違っていました。かつては、運動中は水を飲んではいけないと教えられており、暑い日の部活動でも、喉の渇きを我慢して練習を続けていたのです。やがて、水分補給の大切さが明らかになると、我慢することによって根性を養うよりも、水分を補給して体調を整えるほうがよい結果が得られると考えられるようになりました。

それまでよいと思われていたこと、反対によくないとされていたことが、あるときを境にがらりと変わってしまう。一見不思議なことのように思いますが、実はこのように「常識」が変化するのは珍しいことではありません。むしろ、よくあることだと考えたほうがよいくらいです。

古田ゆかり「『常識』は変化する」より

(1) ——線①「水分を補給する必要がある」とありますが、なぜですか。□に当てはまる言葉を文章中から抜き出しなさい。

運動によって体温が上がり□をかくと体内の水分が減り、ひどい場合は□の□を招くこともあるから。

ヒント 直前に「そのため」とあるので、その前の部分に着目しよう。

(2) ——線②「今ではあたりまえになった給水の光景」とありますが、昔はどのように考えていたのですか。次から一つ選び、記号で答えなさい。

ア こまめに水分をとるのではなく、一回で大量に飲むのがよい。
イ 水分を補給して体調を整えるほうが、よい結果が得られる。
ウ 我慢で根性が養われるため、運動中は水を飲んではいけない。

（　）

ヒント 「数十年前」の水分補給に対する考え方を読み取ろう。

(3) 水分補給は何の例として挙げられていますか。次の文の□に当てはまる言葉を文章中から抜き出しなさい。

それまでよくないとされていたことが、あるときを境にがらりと□例。

ヒント この例を挙げることで、筆者が何を伝えたかったのか考えよう。

ぴたトレ 3
確認テスト

「常識」は変化する

1 思考・判断・表現

文章を読んで、問いに答えなさい。

教科書282ページ5行〜283ページ10行

また、①その変化は、私たち自身の価値観の変化によってもたらされることもあります。

健康に対する関心が高まるにつれ、さまざまな健康法や体によい食品が注目されるようになっていますが、その一つにこんにゃくがあります。かつてこんにゃくは、栄養価やカロリーが低くあまり役に立たない食品だと考えられていました。しかし今では、食物繊維を多く含むことや、以前は評価されなかった低カロリーであることがよいとされ、歓迎されています。

食べ物が豊富ではなく、栄養をとることがだいじだった頃には関心を持たれなかったこんにゃくが、健康のためにカロリーのとりすぎに注意しなければならない時代になって注目されたのは、時代や価値観の変化によるものといえるでしょう。

更に、②新しい事実の判明と価値観の変化が互いに関連する場合もあります。環境問題がよい例です。

工業化を進め、物質的、経済的な豊かさを求めた時代には、生物や環境に対する配慮が十分ではありませんでした。しかし、工業化

よく出る

(1) ——線①「その変化は、私たち自身の価値観の変化によってもたらされることもあります」とありますが、こんにゃくの場合はどんな変化があったのですか。①以前の価値観と②今の価値観を、それぞれ文章中の言葉を使って書きなさい。 各10点

(2) ——線②「新しい事実の判明」とありますが、環境問題では、何が判明したのですか。十字で抜き出しなさい。 10点

(3) ——線③「常識や判断の基準は変化する」とありますが、変化の原因は何ですか。それが分かる部分を四十八字で探し、初めの五字を書きなさい。(句読点を含む。) 10点

(4) ——線④「私たちは、何を信じ、どのように物事と向き合ったらいいのでしょうか」とありますが、この問いに、筆者はどう答えていますか。次から一つ選び、記号で答えなさい。 10点

ア 信用できる専門家を見つけ、その人の意見をよく聞いて、それに従うようにしよう。

イ さまざまな情報や考え方に触れ、いろいろな人の話を聞き、納得できるまで考えよう。

ウ 人とよく話し合い、多数の人が持っている意見をつかんで、それを自分の考えにしよう。

エ 専門家をはじめ、人の意見に惑わされることなく、自分だけでじっくり考えよう。

(5) 筆者は、物事に向き合うときに必要な感覚を、五感の一つにたとえています。その感覚を二字で抜き出しなさい。 10点

考える

(6) 生きやすい社会を作ったり自分が納得できる生き方をしたりするにはどのようなことが大切だと筆者は述べていますか。 20点

時間20分

／100点

合格75点

解答 p.24

による悪い影響が明らかになると、人々は自然を守ることが大切だという考え方に変わり、地球環境を守ることに関心が注がれるようになりました。

このように、時代や社会の在り方、人々がどんな知識を持ち、何を大切に思い、どのような暮らしを望んでいるのかなどによって、③常識や判断の基準は変化するのです。もしかしたら、今、私たちが信じていることでも、否定される日がやってくるかもしれません。

では、④私たちは、何を信じ、どのように物事と向き合ったらいいのでしょうか。

それにはまず、あたりまえだと思っていることでも、一歩立ち止まって、自分自身が納得できるかどうかをじっくり考えてみることが大切です。与えられた情報をうのみにするのではなく、疑問に思ったことを自分で調べたり、専門家をはじめ、いろいろな人の意見に耳を傾けたりしてみることも有効です。ただし、専門家といえどもまだ分からないことがあったり、また異なる考えを持つ人もいたりするということを忘れてはなりません。

ふだんからさまざまな情報や考え方に触れ、まずは「本当かな」と考え、納得できるまで考えたり、調べたり、人と話し合ったりして考えを深めていく訓練を心がけましょう。そのためには、自分の知識と感覚を鍛え、そう、「嗅覚」といってもいいほどの鋭い感覚を持って、物事と向き合う力、はっきりと結論が出せないことについても考え続ける力を育てていくことが大切です。

そのことが、私たち一人一人にとって生きやすい社会を作ることにつながり、また、自分自身が納得できる生き方を助けてくれるのだと、私は考えています。

古田ゆかり「『常識』は変化する」より

2 ――線の片仮名を漢字で書きなさい。 各5点

① ダッスイ症状になる。
② メズラしい鳥を見つける。
③ ジュヨウが高まる。
④ スグれた才能を発揮する。

1							2			
(1)		(2)	(3)	(4)	(5)	(6)	①	②	③	④
①	②									

ぴたトレ 3 確認テスト

さまざまな古典作品①

時間20分

／100点

合格75点

解答 p.24

1 思考・判断・表現 文章を読んで、問いに答えなさい。

教科書293ページ上1行～下13行／295ページ上1行～下7行

土佐日記(とさにっき)　旅立ち

男もすなる日記(にき)といふものを、①女もしてみむとて、するなり。それの年の十二月(しはす)の二十日(はつか)余り一日(ひとひ)の日の戌(いぬ)の刻(とき)に、門出(かどで)す。そのよし、②いささかに物に書きつく。

現代語訳◆◆◆◆◆◆◆◆◆◆◆

男もするという日記というものを、女もしてみようと思って、するのである。

ある年の十二月の二十一日の戌の刻に、出発する。そのことを、少しばかり物に書きつける。

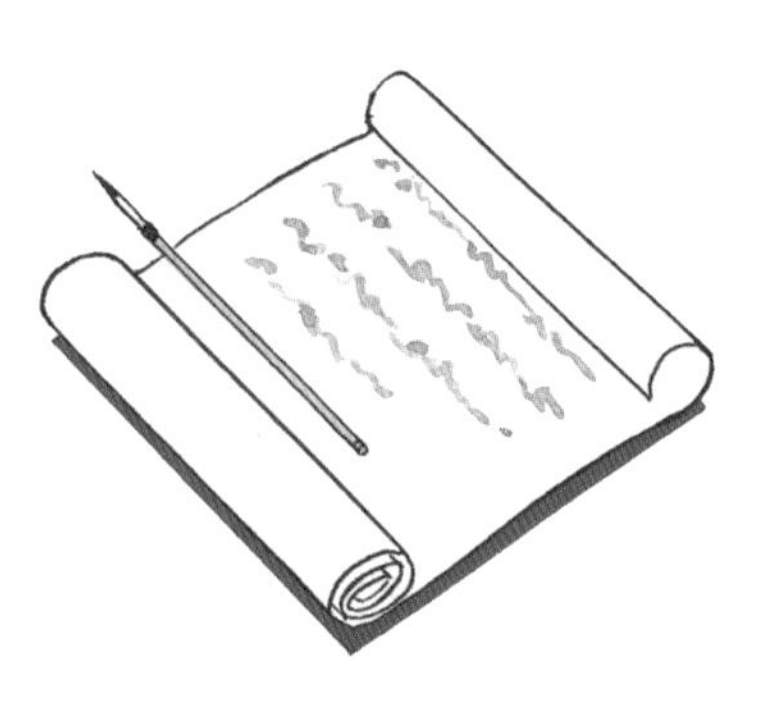

よく出る

(1) ――線①「女もしてみむとて、するなり」とありますが、どういうことですか。次の文の□に当てはまる言葉を古文中から抜(ぬ)き出しなさい。　各10点

[A]は普通(ふつう)[B]が書くものだが、[C]の私も書いてみるのだということ。

(2) ――線②「いささかに」の意味に当たる部分を現代語訳から抜き出しなさい。　10点

(3) ――線③「要なきものに思ひなして」を現代仮名遣(かなづか)いに直し、全て平仮名で書きなさい。　10点

(4) ――線④「行きけり」とは誰(だれ)の動作ですか。古文中から抜き出しなさい。　10点

(5) ――線⑤「惑ひ行きけり」の意味に当たる部分を、現代語訳から抜き出しなさい。　10点

(6) ――線⑥「かくのごとし」について、次の問いに答えなさい。

① 「かくのごとし」とはどういうことですか。最も適切なものを次から一つ選び、記号で答えなさい。　20点

ア 河の流れは絶えることがなく、浮かぶ泡も生まれては消えてしまうものだ、ということ。

イ 河の流れが絶えないように、世の中の人や人の家も絶え間なく変化しているということ。

ウ 人の愛情や考えというのは、河の流れのように浮かんでは消え、一定しないということ。

エ 世の中にある人や人の家というものは、いつ河に流されるものか分からないということ。

伊勢物語（いせものがたり）　**東下り**（あづまくだり）［第九段］

昔、男ありけり。その男、③身を要（えう）なきものに思ひなして、京にはあらじ、東（あづま）の方（かた）に住むべき国求めにとて④行（ゆ）きけり。もとより友とする人、一人、二人して行（い）きけり。道知れる人もなくて、⑤惑（まど）ひ行（い）きけり。

現代語訳◆◆◆◆◆◆◆◆◆◆◆

昔、男がいた。その男は、（自分の）身を無用なものと思い込（こ）んで、京にはいるまい、東国（とうごく）の方に住むのにふさわしい国を求めようと思って行った。古くからの友人、一人二人とともに行った。道を知っている人もいなくて、迷いながら行った。

方丈記（ほうじょうき）　**行（ゆ）く河の流れ**

行く河の流れは絶えずして、しかも元の水にあらず。よどみに浮（う）かぶうたかたは、かつ消えかつ結びて、久しくとどまりたるためしなし。世の中にある人と住みかと、⑥またかくのごとし。

現代語訳◆◆◆◆◆◆◆◆◆◆◆

行く河の流れは絶えることなく、しかも元の水ではない。よどんだところに浮かぶ水の泡（あわ）は、一方では消え一方では生まれて、長い間とどまっているという例はない。世の中に存在する人と住まいも、やはりこのようなものである。

「さまざまな古典作品」より

② ここから筆者のどんな考えがうかがえますか。次から一つ選び、記号で答えなさい。　10点

ア 平和主義　**イ** 宇宙観

ウ 楽観主義　**エ** 無常観

1

(1) A	(1) B	(1) C	(2)	(3)	(4)	(5)	(6) ①	(6) ②

ぴたトレ 3 確認テスト

さまざまな古典作品②

時間20分　／100点　合格75点

解答 p.25

1 思考・判断・表現　俳句を読んで、問いに答えなさい。 教科書295ページ上7行～10行

芭蕉・蕪村・一茶の句

A　名月や池をめぐりて夜もすがら　　松尾芭蕉

B　菜の花や月は東に日は西に　　与謝蕪村

C　痩蛙まけるな一茶是に有り　　小林一茶

「さまざまな古典作品」より

よく出る

(1)　AとBの俳句の季語と季節をそれぞれ答えなさい。　完答各15点

(2)　Aの俳句と、Bの俳句に共通する切れ字を抜き出しなさい。　10点

(3)　三つの俳句について述べたものとして適切なものを、次から一つずつ選び、記号で答えなさい。　各20点

ア　見渡す限り一面に広がる自然を、壮大なスケールで描いている。

イ　過酷な境遇を受け止める、作者のつらい気持ちを詠んでいる。

ウ　弱そうな者を応援する、作者の熱い気持ちが感じられる。

エ　自然の美しさにひかれ、時を忘れる作者の様子を描いている。

1				
(1)		(2)	(3)	
A	B		A	
季語	季語		B	
季節	季節		C	

今取り組めば
テストに役立つ!

＼＼ 定期テスト ／／
予想問題

チェック!

- テスト本番を意識して，時間を計ってチャレンジしよう!
- 間違えたところは「ぴたトレ1~3」を確認しよう!

定期テスト
予想問題
1

飛べ かもめ

文章を読んで、問いに答えなさい。

杉みき子

解答 p.25

少年は、鳥から目が離せなくなった。無意識に拳を握りしめ、頑張れ、頑張れ、と小さな声を立てた。列車なんかに負けるな、僕なんかに負けるな。この意気地なしの僕なんかに——。

しかし、鳥の速度は次第に落ちてきた。翼の動きが、目に見えるほど鈍くなる。

窓ガラスに映る影の位置が、少しずつずれてきた。そしてついに、後ろの窓へ、更にまた後ろへ——。

少年は、体ごと振り向いて、鳥の行方を追う。小さな影は、やがて力尽きたように視界から消えた。少年の目に、白い一点の残像を残して。

①少年の目に、かすかに涙がにじんだ。

——あいつは、よくやった。

②少年の心に、何かが、ぴんと糸を張る。

甘えるな。

怠けるな。

力いっぱい飛べ。

——この次の駅で降りよう。そして、砂浜を走って帰ろう。

少年の胸に、足の裏を刺すざらざらした砂の感触が、生々しくよみがえった。

列車はカーブを回り、速度を落とし始める。少年は、瞳に光を取り戻して、③勢いよく立ち上がった。

杉 みき子「飛べ かもめ」〈「小さな町の風景」〉より

(1) ——線①「少年の目に、かすかに涙がにじんだ」とありますが、どんなことがあって、少年はこのような様子になったのですか。次の文の□A・Bに当てはまる言葉を、文章中からAは四字、Bは三字で抜き出しなさい。 完答25点

必死に飛んでいた鳥が［A］ように視界から［B］こと。

(2) ——線②「少年の心に、何かが、ぴんと糸を張る」とありますが、これは、少年が、どのような思いになったことを表していますか。次から一つ選び、記号で答えなさい。 35点

ア 懸命に飛んだ鳥のように、自分も自分の力で前進しよう。
イ 空を自由に飛ぶ鳥のように、自分も自由に生きていこう。
ウ 列車に挑んだ鳥のように、自分も何かに挑戦し続けよう。

(3) ——線③「勢いよく立ち上がった」とありますが、この後、少年はまず、どのような行動を取るつもりなのですか。文章中の言葉を使って簡潔に答えなさい。 40点

(1)		(2)	(3)
A			
B			

定期テスト予想問題 2

さんちき

文章を読んで、問いに答えなさい。

時間15分

／100点

合格75点

解答 p.26

吉橋通夫

「えっ。」

　よく見ると、そこには、
　　さ　ん　ち　き
と彫ってあった。

「しもうたあ！」

　慌てて、「ち」の字を手でごしごしこすった。

「あほう、そないなことして消えるか。」

「そ、そやかて――。」

「一度彫り込んだもんはなあ、車がなくなるまで消えへんのや。」

「親方、どないしたらええんやろ。」

「どないもこないも、もうどうしょうもあらへん。」

　三吉は、しょんぼりとうなだれた。今度のしょんぼりは、本当のしょんぼりだ。

「はっはっはっ。この順番で読むと『さんちき』っちゅう名前になるやないか。それもなかなかおもろいな。」

「親方、そんな……。」

「よしっ、残りをさっさと彫ってしまえ。」

「そやけど……。」

「そやけどもへちまもない。ここまでやったんなら、しまいまで彫ってしまわんと、何が書いてあるか分からへんやないか。」

　それでもおろおろしていると、また怒鳴られた。

吉橋通夫「さんちき」より

(1) ――線①「しもうたあ！」とありますが、三吉がこのように言ったのはなぜですか。「順番」という言葉を使って書きなさい。　25点

(2) 三吉の元気がなくなった様子を表している擬態語を文章中から探し、五字で抜き出しなさい。　15点

(3) ――線②「親方、どないしたらええんやろ」とありますが、このときの三吉の気持ちを簡潔に答えなさい。　30点

(4) この文章から、三吉はどんな人物だと分かりますか。次から二つ選び、記号で答えなさい。　各15点

ア 自分の気持ちを、素直に言葉で表す人物。
イ 慎重で、何をするにも入念に準備をする人物。
ウ すぐ人に頼り、言われたことしかできない人物。
エ ときには失敗することもある、そそっかしい人物。
オ 何をするにもおどおどする、気の弱い人物。

(1)	(2)	(3)	(4)

定期テスト
予想問題
3

オオカミを見る目

文章を読んで、問いに答えなさい。

高槻成紀

時間15分

／100点
合格75点

解答 p.26

しかし、現代の日本人は、オオカミを神のように敬ってはいません。そればかりか、明治時代にはオオカミの徹底的な撲滅作戦が繰り広げられ、その影響もあって、日本のオオカミは、明治三十八年に捕獲された若いオスの記録を最後に絶滅してしまったとされているのです。神として敬われていたことを考えると、①この手のひらを返すような迫害は不思議な気もしますが、それには日本人のオオカミに対する見方の変化が関わっていると考えられるのです。

では、次に、なぜ日本ではオオカミのイメージがすっかり変化してしまったのかを考えてみましょう。

江戸時代の中頃、日本人のオオカミに対する見方を一変させる出来事が起こります。それは、海外から入ってきた②狂犬病の流行です。狂犬病はイヌ科の動物がかかりやすい感染症で、発病した動物にかまれることによって人にも感染し、いったん発症すると数日間で死亡するという恐ろしい病気です。狂犬病にかかったオオカミは獰猛になり、何にでもかみつくようになるために、人をもよく襲いました。狂犬病のオオカミに襲われた人は、たとえそのときは命を落とさずにすんだとしても、後になって狂犬病を発症し激しく苦しんで死ぬこともあったのです。こうしたことから、オオカミはにわかに忌まわしい動物となっていきました。

高槻成紀「オオカミを見る目」より

(1) 日本のオオカミが絶滅してしまったのはいつですか。文章中から六字で抜き出しなさい。 15点

(2) ――線①「この手のひらを返すような迫害」とありますが、具体的にどのようなことですか。文章中の言葉を使って書きなさい。 30点

(3) ――線②「狂犬病の流行」について、次の問いに答えなさい。

① 「狂犬病」とは、どのような病気ですか。次の文の□に当てはまる言葉を文章中から八字で抜き出しなさい。 25点

イヌ科の動物がかかりやすく、発病した動物にかまれると人にも感染し、□こともある病気。

② 「狂犬病の流行」が原因でオオカミのイメージが変わってしまったのは、なぜですか。文章中の言葉を使って書きなさい。 30点

(1)	(2)	(3) ①	(3) ②

定期テスト予想問題 4

碑

文章を読んで、問いに答えなさい。

制作・広島テレビ放送　構成・松山善三

時間15分

／100点

合格75点

解答 p.27

六日の干潮は、午後二時四十五分でした。生徒たちは、川原に上がり、土手にはい上がりました。

五学級の下野義樹君は、土手にはい上がったときのことを、こう話しています。

「川の中で板切れにつかまって浮いていました。はい上がってみたら、町はめちゃめちゃで、①僕はもうだめだと思った。しかし、気を取り直して、父や母に会いたい一心で頑張った。岸に上がるとき、先生が僕の手を引っ張ってくれた。そして、『君はあまりやけどをしていないから、元気を出して頑張れ。』と励ましてくださった。いっしょに岸にはい上がって、飲み水を探しているうちに、けがのひどかった先生は、『もう私はだめだ、しかし君は頑張れよ。』と言われて離れ離れになったが、そのとき、先生としっかり手を握って別れた。」

＊＊

川原から土手に上がってきた生徒たちに、先生は目の見える者は家に帰ってよい、市の中心は燃えているから南の宇品か、新大橋を渡って西の己斐か舟入、江波の方に逃げるように②指示されました。

市の外に向けて逃げていく子供たちと反対に、子供たちを気遣うお母さんやお父さんが、猛火の市内へ入ってきました。

③この頃になって、人々はようやく、たった一つの爆弾で、全市が壊滅したことに気づいたのです。

制作・広島テレビ放送　構成・松山善三「碑」〈広島テレビ放送・台本「碑」〉より

(1) ――線①「僕はもうだめだと思った」下野義樹君が、頑張ったのは、どんな気持ちからですか。文章中の言葉を使って書きなさい。 20点

(2) ――線②「指示されました」とありますが、このような行動から先生のどのような気持ちが読み取れますか。次の文の□に当てはまる言葉を答えなさい。 25点

自分もひどいけがを負っているが、そんなことよりも□という教師としての責任感。

(3) 市内にいる子供たちを心配し、危険を顧みずに行動する親の様子が分かる一文を探し、初めの五字を書きなさい。 20点

(4) ――線③「この頃になって、人々はようやく、たった一つの爆弾で、全市が壊滅したことに気づいたのです」から、原子爆弾についてどんなことが分かりますか。「被害」という言葉を使って書きなさい。 35点

(1)	(2)	(3)	(4)

定期テスト予想問題 5

私のタンポポ研究

文章を読んで、問いに答えなさい。

保谷彰彦

時間15分

／100点

合格75点

解答 p.27

そのようなタンポポの国に、あるとき、外来タンポポの一つであるセイヨウタンポポが持ち込まれました。今から百二十年以上前のことです。その後、一九六〇年代に始まった調査によって、セイヨウタンポポが日本各地に広がっていることが明らかになりました。セイヨウタンポポが増える一方で、在来タンポポの数が減ったことから、①セイヨウタンポポが在来タンポポを駆逐しているのではないかというニュースがまことしやかに流されました。

しかし、調査の結果、在来タンポポの数が減ったのは、土地開発により本来の生育地を奪われてしまったためだと分かりました。一方のセイヨウタンポポは、新たに開発された場所に入り込めたため、その数が増えたというわけです。

カントウタンポポなどの在来タンポポでは、ほかの個体から花粉を受け取って種子が作られます。つまり、在来タンポポが一個体だけ新たな生育地に入り込んでも、普通、繁殖できません。一方、セイヨウタンポポでは、受粉せずに種子が作られます。このため、一個体だけで繁殖できるのです。コンクリートの隙間のような限られた場所でも、たった一個体が入り込めば子孫を残せるため、②セイヨウタンポポは都市部へと分布を広げやすかったのでしょう。

保谷彰彦「私のタンポポ研究」より

(1) ——線①「セイヨウタンポポが在来タンポポを駆逐しているのではないか」について、次の問いに答えなさい。

① 在来タンポポの数が減った本当の原因は何ですか。文章中の言葉を使って書きなさい。 25点

② セイヨウタンポポの数が増えた本当の原因は何ですか。「開発」という言葉を使って書きなさい。 25点

(2) ——線②「セイヨウタンポポは都市部へと分布を広げやすかった」とありますが、それはなぜですか。次の文の［ ］A・Bに当てはまる言葉を答えなさい。 各25点

在来タンポポは、［A］種子が作られるという性質を持つため、一個体だけでは繁殖できないが、セイヨウタンポポは、［B］種子が作られるため、一個体だけで繁殖し、限られた場所でも子孫を残せたから。

(1)		(2)	
①	②	A	B

定期テスト予想問題 6

月夜の浜辺

詩を読んで、問いに答えなさい。

中原中也

時間15分

／100点

合格75点

解答 p.28

月夜の浜辺

中原中也

月夜の晩に、ボタンが一つ
波打際に、落ちてゐた。

それを拾つて、役立てようと
僕は思つたわけでもないが
なぜだかそれを捨てるに忍びず
僕はそれを、袂に入れた。

月夜の晩に、ボタンが一つ
波打際に、落ちてゐた。

それを拾つて、役立てようと
僕は思つたわけでもないが
　月に向つてそれは抛れず
　浪に向つてそれは抛れず
僕はそれを、袂に入れた。

月夜の晩に、拾つたボタンは
指先に沁み、心に沁みた。

月夜の晩に、拾つたボタンは
どうしてそれが、捨てられようか？

中原中也「月夜の浜辺」〈「新編　中原中也全集」〉より

(1) 「ボタン」が落ちていたのはどこですか。詩の中から三字で抜き出しなさい。 20点

(2) 第六連「月夜の晩に、拾つたボタンは／どうしてそれが、捨てられようか？」とありますが、このように思ったのはなぜですか。詩の中の言葉を使って書きなさい。 25点

(3) この詩で使われている表現技法を次から全て選び、記号で答えなさい。 完答25点

ア 反復　イ 対句　ウ 体言止め
エ 倒置　オ 比喩

(4) 「月夜の浜辺」は、どのような様子だったと考えられますか。簡潔に答えなさい。 30点

(1)	(2)	(3)	(4)

定期テスト予想問題 7

伊曽保物語(いそほものがたり)

文章を読んで、問いに答えなさい。

時間15分 ／100点 合格75点

解答 p.28

鳩(はと)と蟻(あり)のこと

　ある川のほとりに、蟻遊ぶことありけり。にはかに水かさ増(ま)さりきて、かの蟻を誘(さそ)ひ流る。浮(う)きぬ沈(しづ)みぬするところに、鳩こずゑより①これを見て、「あはれなるありさまかな。」と、こずゑをちと食ひ切つて川の中に落としければ、蟻これに乗つて渚(なぎさ)に上がりぬ。かかりけるところに、②ある人、竿(さを)の先に鳥もちを付けて、かの鳩をささむとす。蟻心に思ふやう、「ただ今の恩を送らむものを。」と思ひ、かの人の足にしつかと食ひつきければ、おびえあがつて、竿をかしこに投げ捨てけり。そのものの色や知る。しかるに、鳩これを悟(さと)りて、③いづくともなく飛び去りぬ。

　そのごとく、人の恩を受けたらむ者は、いかさまにもその報(むく)ひをせばやと思ふ志(こころざし)を持つべし。

「伊曽保物語」より

(1) ――線①「これ」とはどんなことを指していますか。現代語で答えなさい。 25点

(2) ――線②「ある人」と同じ人物を指している言葉を、古文中から抜(ぬ)き出しなさい。 15点

(3) ――線③「いづくともなく」を、現代仮名遣(かなづか)いに直しなさい。 10点

(4) この話の教訓に当たる部分を一文で探し、初めの五字を書きなさい。 20点

(5) (4)の一文を現代語に直しなさい。 30点

(1)	(2)	(3)	(4)	(5)

定期テスト予想問題 8

矛盾「韓非子」より

文章を読んで、問いに答えなさい。

時間15分
／100点
合格75点
解答 p.29

楚人に盾と矛とを鬻ぐ者有り。之を誉めて曰はく、「①吾が盾の堅きこと、能く陥すもの莫きなり。」と。又、其の矛を誉めて②曰はく、「吾が矛の利きこと、物に於いて陥さざる無きなり。」と。③或ひと曰はく、「子の矛を以つて、子の盾を陥さば、何如。」と。其の人応ふること能はざるなり。

現代語訳◆◆◆◆◆◆◆◆◆◆

楚の国の人に盾と矛とを売る者がいた。その盾を自慢して言うには、「私の盾の堅いこと（といったら）、突き通せるものはないのだ。」と。更に、その矛を自慢して言うには、「私の矛の鋭いこと（といったら）、どんなものでも突き通さないものはないのだ。」と。（すると、）ある人が言うには、「あなたの矛で、あなたの盾を突いたら、どうであるか。」と。その人は答えることができなかったのである。

「矛盾『韓非子』より」より

(1) ——線①「吾が盾の堅きこと、能く陥すもの莫きなり」の現代語訳を抜き出しなさい。 20点

(2) ——線②「曰はく」とありますが、誰が言ったのですか。現代語訳の中から八字で抜き出しなさい。 20点

(3) ——線③「或ひと」は、どのようなことを言ったのですか。現代語訳の中から抜き出しなさい。 20点

(4) この話がもとになってできた言葉について答えなさい。

① この言葉を漢字二字で答えなさい。 15点

② この言葉の意味を、簡潔に答えなさい。 25点

(1)	(2)	(3)	(4) ①	(4) ②

定期テスト予想問題 9

少年の日の思い出

文章を読んで、問いに答えなさい。

ヘルマン・ヘッセ／高橋健二・訳

時間15分

／100点

合格75点

解答 p.29

胸をどきどきさせながら、僕は紙切れを取りのけたいという誘惑に負けて、①留め針を抜いた。すると、四つの大きな不思議な斑点が、挿絵のよりはずっと美しく、ずっとすばらしく、僕を見つめた。それを見ると、この宝を手に入れたいという逆らいがたい欲望を感じて、僕は生まれて初めて盗みを犯した。僕はピンをそっと引っ張った。チョウはもう乾いていたので、形は崩れなかった。僕はそれを手のひらに載せて、エーミールの部屋から持ち出した。そのときさしずめ僕は、②大きな満足感のほか何も感じていなかった。

チョウを右手に隠して、僕は階段を下りた。そのときだ。下の方から誰か僕の方に上がってくるのが聞こえた。その瞬間に僕の良心は目覚めた。僕は突然、自分は盗みをした、下劣なやつだということを悟った。同時に見つかりはしないか、という恐ろしい不安に襲われて、僕は本能的に、獲物を隠していた手を、③上着のポケットに突っ込んだ。ゆっくりと僕は歩き続けたが、大それた恥ずべきことをしたという、冷たい気持ちに震えていた。上がってきたお手伝いさんと、びくびくしながら擦れ違ってから、僕は胸をどきどきさせ、額に汗をかき、落ち着きを失い、自分自身におびえながら、④家の入り口に立ち止まった。

〈ヘルマン・ヘッセ／高橋健二・訳「少年の日の思い出」〈「ヘッセ全集」〉より〉

(1) ——線①「留め針を抜いた」とありますが、このときの「僕」はどんな気持ちでしたか。次の文の□に当てはまる言葉を「斑点」という言葉を使って書きなさい。 25点

勝手に抜くのは悪いとは思いつつも、□という気持ちの方が強かった。

(2) ——線②「大きな満足感」とありますが、「僕」はどのようなことに満足したのか、答えなさい。 25点

(3) ——線③「上着のポケットに突っ込んだ」とありますが、「僕」がこのようなことをしたのは、なぜですか。文章中の言葉を使って書きなさい。 30点

(4) ——線④「家の入り口に立ち止まった」とありますが、このとき「僕」はどのような気持ちでしたか。当てはまらないものを次から一つ選び、記号で答えなさい。 20点

ア 緊張　イ 心配　ウ 恐怖　エ 感動

(1)	(2)	(3)	(4)

定期テスト予想問題 10

風を受けて走れ

文章を読んで、問いに答えなさい。

佐藤次郎

「できる、できる、私はちゃんと走れる。」

柳下は夢中で走った。力を込めて路面を蹴った。小走りが次第にスピードを増していく。すっきりと晴れた青空。吹き過ぎるそよ風。走っているという実感が、彼女の全身に伝わった。
①臼井は喜びをかみしめていた。多くの人は、歩けるのも走れるのもあたりまえのことだと思い込んでいる。だが、脚をなくした人たちからすれば、その失われた動作は、深い喪失感に結び付いているのではないか。走ることを取り戻すだけで、脚を失った人々の悩みが全て解決されるわけではない。しかし、②そこからきっと何かが始まるはずだという予感が臼井にはあった。
「やる気がありさえすれば、走るという動作をもう一度取り戻せるのは間違いない。」

臼井は確信した。③「やり続けなきゃいけない。」という決意が固まったのは、そのときだ。

きらきら光る原石を見つけたのだと彼は思った。走れないと誰もが思っていた大腿義足の人間が一人、走れるようになった。それは宝石のように輝く出来事だった。このまま掘り起こしていけば、どんどん光る石が出てくるだろう。だが、ここでやめてしまったら、原石は埋まったままで世に出ることはない。そして今のところ、掘り手は自分しかいないようだ。ならば、やり続けるしかあるまい。


佐藤次郎「風を受けて走れ」〈「義足ランナー　義肢装具士の奇跡の挑戦」〉より

(1) ——線①「臼井は喜びをかみしめていた」とありますが、何に対する喜びですか。「大腿義足」という言葉を使って書きなさい。 25点

(2) ——線②「そこ」とは、何を指していますか。文章中の言葉を使って書きなさい。 25点

(3) ——線③「『やり続けなきゃいけない。』という決意が固まった」とありますが、臼井がこのような決意をしたのはなぜですか。その理由を二つ、一つ目は「増えない」、二つ目は「手助け」という言葉を使って具体的に書きなさい。 各25点

時間15分

／100点

合格75点

解答 p.30

(1)	(2)	(3)

定期テスト予想問題 11

時間15分 ／100点 合格75点

解答 p.30

ニュースの見方を考えよう

文章を読んで、問いに答えなさい。

池上（いけがみ） 彰（あきら）

大きな出来事があったとき、あるいは、政治的に賛成・反対の意見が分かれる問題を考えるとき、テレビのニュースでは、①街頭インタビューが流れます。例えば、ある政治問題について、テレビのニュースで、賛成の人が二人、反対の人が二人、どちらともいえないという人が一人、インタビューに答えている場面が放送されたとしましょう。「おお、賛成と反対の人が同じくらいいるんだなあ。」と思いませんか。

でも、本当に②そうかどうかは、分からないのです。街頭インタビューは、記者やディレクターがカメラマンと街に出かけて、歩いている人にマイクを向けて質問します。政治的に意見が分かれる問題についてインタビューをしてみたら、賛成の人は二人しかいなかったけれど、反対の人が十人いたとしましょう。ビデオを収録して放送局に戻（もど）ってきたスタッフは、編集作業をしようとして、はたと悩（なや）みます。

③賛成より反対の人のほうが多かったのだから、それをそのまま放送すればいい、という考え方もあるでしょう。でも、それはたまたまインタビューした場所を歩いていた人の中に反対が多かっただけかもしれません。全国で世論調査をすれば、賛成のほうが多いかもしれないのです。それなのに、一か所でのインタビューで、「反対の人が多い」という印象を与（あた）える番組を作ってしまうと、これは事実と違（ちが）うことになりかねません。

池上 彰「ニュースの見方を考えよう」より

(1) ——線①「街頭インタビュー」とは、どんなことをするのですか。次の文の□に当てはまる言葉を、文章中の言葉を使って具体的に書きなさい。　25点

大きな出来事があったときや政治的に賛成・反対の意見が分かれる問題を考えるとき、□こと。

(2) ——線②「そうかどうか」とありますが、どういう意味ですか。「そう」の内容を明確にして書きなさい。　35点

(3) ——線③「賛成より反対の人のほうが多かったのだから、それをそのまま放送すればいい、という考え方」には、どんな問題がありますか。「反対」「印象」「事実」という言葉を使って書きなさい。　40点

(1)	(2)	(3)

定期テスト予想問題 12

トロッコ

文章を読んで、問いに答えなさい。

芥川龍之介

みかん畑の間を登り詰めると、急に線路は下りになった。しまのシャツを着ている男は、良平に「やい、乗れ。」と言った。①良平はすぐに飛び乗った。トロッコは三人が乗り移ると同時に、みかん畑の匂いをあおりながら、ひた滑りに線路を走りだした。「押すよりも乗るほうがずっといい。」――良平は羽織に風をはらませながら、あたりまえのことを考えた。「②行きに押すところが多ければ、帰りにまた乗るところが多い。」――そうも考えたりした。

竹やぶのある所へ来ると、トロッコは静かに走るのをやめた。三人はまた前のように、重いトロッコを押し始めた。竹やぶはいつか雑木林になった。爪先上がりのところどころには、赤さびの線路も見えないほど、落ち葉のたまっている場所もあった。その道をやっと登りきったら、今度は高い崖の向こうに、広々と薄ら寒い海が開けた。と同時に良平の頭には、あまり遠く来すぎたことが、急にはっきりと感じられた。

三人はまたトロッコへ乗った。車は海を右にしながら、雑木の枝の下を走っていった。しかし良平はさっきのように、おもしろい気持ちにはなれなかった。「③もう帰ってくれればいい。」――彼はそうも念じてみた。が、行くところまで行き着かなければ、トロッコも彼らも帰れないことは、もちろん彼にも分かりきっていた。

芥川龍之介「トロッコ」〈「芥川龍之介全集」〉より

(1) ――線①「良平はすぐに飛び乗った」とありますが、このときの良平の気持ちを次から一つ選び、記号で答えなさい。 20点

ア 心配　**イ** 喜び　**ウ** 落胆

(2) ――線②「行きに押すところが多ければ、帰りにまた乗るところが多い」とは、どういうことですか。説明しなさい。 25点

(3) ――線③「もう帰ってくれればいい」とありますが、良平がこのように思ったのはなぜですか。「不安」という言葉を使って書きなさい。 25点

(4) この頃、良平が(3)のように思うきっかけとなった情景が描かれている部分を、文章中から十五字以内で抜き出しなさい。(句読点は含まない。) 30点

時間15分

／100点

合格75点

解答 p.31

(1)	(2)	(3)	(4)

定期テスト予想問題 13

そこに僕はいた

文章を読んで、問いに答えなさい。

辻 仁成

時間15分

／100点

合格75点

解答 p.31

「兄貴、あーちゃんが……。」

見ると、あーちゃんは斜面の下の道端に立ってじっと僕らの方を見上げていたのだ。彼にはちょっと登るのは難しかったのである。弟が小声でどうする？　ときいてきた。小さな子供たちも僕の方を見ていた。僕は小さくため息をついた。

「ちょっと行ってくる。」

僕は弟にちびっこたちを任せて、あーちゃんのところまで滑り降りていった。

あーちゃんは僕の顔をじっと見ていた。僕はあーちゃんの足のことも考えずに山を登ってしまったことでちょっと心が恥ずかしかった。

「①すまんかった。」

僕が素直にそう言って手を差し出すと、彼は目をぱちくりさせたのだ。

「②なんで謝るとや。それになんなその手は。」

僕はそれ以上は何も言えなかった。

「今日はこれから親戚の人んちへ行かなならんけん、皆とは遊べんと。そのことば言おうと思っとった。」

あーちゃんはそう言うと、くるりと背中を見せて帰っていった。

僕は差し出していた手を引っ込めて、③体を斜めにしながら一本道を歩く彼の後ろ姿を見つめていたのだ。

辻 仁成「そこに僕はいた」より

(1) ――線①「すまんかった」とありますが、「僕」はどんなことに対して謝っているのですか。文章中から抜き出しなさい。 20点

(2) ――線②「なんで謝るとや。それになんなその手は」とありますが、このときのあーちゃんの気持ちを、「同情」という言葉を使って簡潔に書きなさい。 25点

(3) ――線③「体を斜めにしながら一本道を歩く彼の後ろ姿を見つめていたのだ」とありますが、このときの「僕」の気持ちを、簡潔に答えなさい。 25点

(4) この文章から分かるあーちゃんの性格を、「自立心」「友達」という言葉を使って書きなさい。 30点

(1)	(2)	(3)	(4)

定期テスト予想問題 14

「常識」は変化する

文章を読んで、問いに答えなさい。

古田ゆかり

時間15分
／100点
合格75点

解答 p.31

　健康に対する関心が高まるにつれ、さまざまな健康法や体によい食品が注目されるようになっていますが、①その一つにこんにゃくがあります。かつてこんにゃくは、栄養価やカロリーが低くあまり役に立たない食品だと考えられていました。しかし今では、食物繊維を多く含むことや、以前は評価されなかった低カロリーであることがよいとされ、歓迎されています。

　食べ物が豊富ではなく、栄養をとることがだいじだった頃には関心を持たれなかったこんにゃくが、健康のためにカロリーのとりすぎに注意しなければならない時代になって注目されたのは、時代や価値観の変化によるものといえるでしょう。

　更に、新しい事実の判明と②価値観の変化が互いに関連する場合もあります。環境問題がよい例です。

　工業化を進め、物質的、経済的な豊かさを求めた時代には、生物や環境に対する配慮が十分ではありませんでした。しかし、工業化による悪い影響が明らかになると、人々は自然を守ることが大切だという考え方に変わり、地球環境を守ることに関心が注がれるようになりました。

　このように、時代や社会の在り方、人々がどんな知識を持ち、何を大切に思い、どのような暮らしを望んでいるのかなどによって、常識や判断の基準は変化するのです。もしかしたら、今、私たちが信じていることでも、否定される日がやってくるかもしれません。

古田ゆかり「『常識』は変化する」より

(1) ——線①「その一つにこんにゃくがあります」とありますが、こんにゃくが注目されるようになったのは、どんな時代の変化があったからですか。次の文の□A・Bに当てはまる言葉をそれぞれ文章中から抜き出しなさい。 各10点

□A時代から□B時代への変化。

(2) ——線②「価値観の変化」について、次の問いに答えなさい。

① どんな価値観の変化があったのですか。a以前の価値観とb今の価値観を、それぞれ「〜が大切だ。」の形で、簡潔に説明しなさい。 各25点

② この変化により、環境問題における人々の関心はどのように変化しましたか。a以前に関心のあったことを三字で、b今、関心のあることを九字で、それぞれ文章中から抜き出しなさい。 各15点

(1)		(2)			
A	B	①		②	
		a	b	a	b
		が大切だ。	が大切だ。		

定期テスト予想問題 15

さまざまな古典作品

文章を読んで、問いに答えなさい。

時間15分

／100点

合格75点

解答 p.32

土佐日記（とさにっき）　旅立ち

男もすなる日記（にき）といふ[①]ものを、女もしてみむとて、するなり。それの年の十二月（しはす）の二十日（はつか）余り一日（ひとひ）の日の戌（いぬ）の刻（とき）に、門出（かどで）す。そのよし、いささかに物に書きつく[②]。

現代語訳◆◆◆◆◆◆◆◆◆◆◆

男もするという日記というものを、女もしてみようと思って、するのである。

ある年の十二月の二十一日の戌の刻に、出発する。そのことを、少しばかり物に書きつける。

源氏物語（げんじものがたり）　桐壺（きりつぼ）

いづれ[③]の御時（おほんとき）にか、女御（にょうご）、更衣（かうい）あまたさぶらひたまひける中に、いとやむごとなき際（きは）にはあらぬが、すぐれて時めきたまふ[④]ありけり。

現代語訳◆◆◆◆◆◆◆◆◆◆◆

どの帝（みかど）のご治世であったか、女御、更衣たちが大勢お仕えしていらっしゃった中に、それほど高貴な身分ではない人で、格別に（帝の）寵愛（ちょうあい）を受けていらっしゃるかたがいた。

「さまざまな古典作品」より

(1)　――線①「いふ」、③「いづれ」を現代仮名遣（かなづか）いに直し、全て平仮名で書きなさい。　各10点

(2)　「土佐日記」が書かれた時代は、日記はどのような人が書くものだと考えられていましたか。　15点

(3)　「土佐日記」の作者は、文章中では自分のことを男と女のどちらであるとしていますか。　15点

(4)　――線②「書きつく」とありますが、どんなことを書こうとしているのですか。現代語訳の中の言葉を使って書きなさい。　25点

(5)　――線④「すぐれて時めきたまふ」とありますが、この人の身分が分かる言葉を古文中から抜（ぬ）き出しなさい。　25点

(1)		(2)	(3)	(4)	(5)
①	③				

解答集

教科書ぴったりトレーニング
〈東京書籍版・中学国語1年〉

この解答集は
取り外してお使いください。

p.6~7

風の五線譜（ごせんふ）

1 ぴたトレ1

(1)エ
(2)六
(3)葉っぱ
(4)イ・ウ（順不同）
(5)ウ
(6)イ

p.8

話し方はどうかな

1 ぴたトレ1

①みな ②はさ ③おおあせ ④おそ ⑤ふつう ⑥かな
⑦げんこう ⑧じっきょう ⑨ちゅうけい ⑩まんるい ⑪ぬ
⑫は ⑬と ⑭こ ⑮もと ⑯もうれつ ⑰かんそう ⑱あつか
⑲こうご ⑳たんたん ㉑くふう

2

①イ ②ア

3

（順に）速さ・九百・三百・表情・聞き手

p.9

1 ぴたトレ2

(1)日本語・最高
(2)ウ
(3)①スポーツ
②九百

p.10~11

1 ぴたトレ3

(1)①例一分間に三百字の速さ。
②長い間の放送の経験
(2)例速さをつかむ（ため。）
(3)続いて（～）なるでしょう。
(4)①ウ
②例淡々と一分間に三百字の速さで話すこと。
(5)例一分間に三百字の速さを土台とし、話の表情を豊かにした話し方。
(6)例聞きやすい速さをつかみ、聞き手によく分かる話し方の工夫をしてほしいということ。

2

①中継 ②原稿 ③挟 ④込

考え方

1 (1)①次の文の「一分間に三百字が基準です。」という部分に着目して「～速さ。」という形でまとめる。
②二文後に「これは長い間の放送の経験を通じての結論」とある。「これ」とは、「一分間に三百字が基準」を指す。長い間の放送の経験から、「これ」が結論だと筆者は述べている。
(2)気象情報の原稿（げんこう）の後の段落に、「とにかく、この速さをつかんでください」とある。時計の秒針を見ながら読むことで、聞きやすい原稿を読む速さをつかませたいのである。
(3)直後に「一分間で読む」とあるが、「一分間で読む」のは何か考えると、直前の気象情報の原稿であると分かる。

(4)①話の表情の要素として、「起承転結」「緩急」「強弱」が挙げられている。当てはまらないものを選ぶことに注意する。

②――線④の文の後半に、「淡々と一分間に三百字の速さで話すのでは無表情です」とある。

(5)――線⑤の文の前半にある「この速さで話せる土台」があることと「話の表情を豊かに」することが、「魅力的な話し方」の条件である。「この速さ」とは「一分間に三百字」話す速さのこと。よって、一分間に三百字の速さで話すことと、話の表情を豊かにすることの二つを入れてまとめる。

(6)最後の段落が読者への呼びかけになっていることに注目する。「聞き手によく分かるような話し方を工夫していきましょう。」が筆者の主張である。さらに「聞きやすい速さ」について文章が書かれていることをふまえる。指定語の「速さ」という言葉がないものは不可。答えに、「聞き手に分かりやすい話し方をする」といった内容が含まれていれば正解とする。

p.12

日本語探検1　音声の働きや仕組み

読解テクニック

1 (1)①**問われていることに対応した答え方をする！**
何を問われているのかを明確に捉えることが、正解を答えるためには必要である。ここでは、「速さ」を問われているので、解答は「～速さ。」という形になる。

ぴたトレ1

1 ①おんせつ　②きほん　③げんそく　④はいく　⑤はいち　⑥いし　⑦つうじょう　⑧しつもん

2 ①エ　②オ　③ア　④ウ　⑤イ

p.13

ぴたトレ2

1 ①t（+）e　②b（+）e　③n（+）o　④m（+）u　⑤z（+）a　⑥r（+）i

2 ①ア・ウ　②イ・ウ　③ウ・エ　④ウ・エ（それぞれ順不同）

3 (1)①イ　②イ
(2)①イ　②ア　③イ

考え方

2 「促音」「撥音」「長音」「拗音」がそれぞれどのような音か整理する。①は「ッ」が促音、「ケーキ」の「ー」が長音である。初めの「う」は長音ではない。後の「ちゅ」「りょ」は拗音、二つ目と最後の「う」は長音。

3 (2)質問の文では語尾を上げる。②は、「聞いた」とあるので、質問の文であるため語尾は上げる。③の「来ていない」という言葉は質問の文に使われることもあるが、ここでは「報告した」とあるので、末尾を下げて話す通常の文である。

詩の心――発見の喜び

p.14

ぴたトレ1

1 ①すなお　②そぼく　③ぎこう　④ゆうぜん　⑤かく　⑥しんせん　⑦おどろ　⑧なみだ（るい）　⑨つ　⑩しんけん　⑪けっかく　⑫さんじっさい（さんじゅっさい）　⑬しがい　⑭ひゆ

2 ①イ　②ア　③エ　④ウ

3 ①口語・自由詩　②ヨット

p.15

ぴたトレ2

1 (1)イ
(2)虫の声・真剣な命の声
(3)短命・切羽詰まった

文法の窓1　文法とは・言葉の単位

p.16

ぴたトレ1

1 ①この ②したが ③だんわ ④ふしぜん ⑤うしな ⑥ともだち ⑦やくわり ⑧ひんし

2 ①エ ②イ ③オ ④ウ ⑤ア

p.17

ぴたトレ2

1 ①二 ②五

2 (1)今日はいい天気だ。空が青い。そよ風がふいている。
(2)ウ
(3)①ジュースを／ごくごくと／飲む。
②山本君と／石川君は／大の／仲良しだ。
③明日は／きっと／いい／ことが／あるよ。
(4)①鳥／が／空／を／飛ぶ。
②私／は／今日／の／こと／を／忘れ／ない。
③君／は／なぜ／そんな／こと／を／し／た／の。
④明日／は／雪／が／降る／ようだ。

考え方

1 段落は一字下げて書かれている。文は「。」(句点)の数を数える。

2 (1)「今日はいい天気だ。」「空が青い。」「そよ風がふいている。」の三文に分けられる。
(2)「夏休みは〈ね〉やっぱり〈ね〉海水浴に〈ね〉限ると〈ね〉思った。」というように、「ね」などを入れて確かめる。
(3)①「ジュースを」、②「山本君と」、③「明日は」の「を」「と」「は」などは、単語で区切るときは一単語となるが、文節で区切るときは、前の部分と合わせて一文節となる。③の「いい」は自立語なので、これだけで一つの文節である。
(4)単語は、それ以上区切ると意味や働きが失われてしまうもので、文節よりもさらに細かく分けられる。①「鳥が」は、「鳥」だけでも意味が通じるので、さらに「鳥」と「が」に分ける。③「したの」は「し」(＋)「た」(＋)「の」に分けられる。④「ようだ」は一つの単語で、これ以上細かく分けることはできない。

漢字道場1　活字と書き文字・画数・筆順

p.18

ぴたトレ1

1 ①ふでづか ②ちが ③げんかん ④しばふ ⑤げか ⑥ぼうせんぶ ⑦おとめ ⑧こっきしん ⑨きゅうどう ⑩うじがみ ⑪きじょう ⑫らんおう ⑬かわせいひん ⑭じびか ⑮さんかくす ⑯にゅうか ⑰ぶんぴつ(ぶんぴ)

2 ①イ ②ウ ③ア

p.19

ぴたトレ2

1 (1)①イ ②ウ ③ア
(2)①ウ ②ア ③イ

2 ①三 ②四 ③六 ④十 ⑤十二 ⑥九 ⑦十 ⑧八 ⑨十二 ⑩四 ⑪十三 ⑫六

3 (1)ウ
(2)①革 ②興 ③非 ④必
(3)①四 ②四 ③五 ④四

考え方

1 それぞれの活字の特徴を覚え、見分けられるようにする。

2 ①「ㄱ→ㄱ→弓」で三画。⑤⑪の「辶」(しんにょう)、⑦⑨の「阝」(こざとへん)も三画なので注意する。

3 (1)一画目は縦画である。
(2)①は上から下へ、②は左から右へ、③は中から左右へという原則で書く。
(3)①は七画、②は九画、③は五画、④は五画の漢字である。

飛べ　かもめ

p.20

ぴたトレ1

1 ①どんこう　②くも　③ひとかげ　④ころ　⑤は　⑥すわ　⑦たよ　⑧にぎ　⑨ぼく　⑩いくじ　⑪しだい　⑫ふ　⑬ゆくえ　⑭あま　⑮なま　⑯すなはま　⑰ひとみ（どう）　⑱もど　⑲にじ

2 ①ア　②ウ　③イ

3 ①少年（僕）・かもめ　②冬　③（鈍行）列車

p.21

ぴたトレ2

1 (1)全く同じ速度
(2)のんびりと
(3)ウ

さんちき

p.22

ぴたトレ1

1 ①し　②の　③でし　④てんじょう　⑤しば　⑥さけ　⑦ほ　⑧ね　⑨どな　⑩ぶっそう　⑪さむらい（じ）　⑫ふ　⑬ひび　⑭あわ　⑮かんじん　⑯だま　⑰けず　⑱たお　⑲やみ　⑳となり（りん）　㉑なまつば　㉒するど　㉓にく　㉔うで（わん）

2 ①イ　②ア

3 ①三吉・親方　②侍（たち）

p.23

ぴたトレ2

1 (1)表・自分の名前
(2)イ
(3)さんちき

p.24～25

ぴたトレ3

1 (1)①例死ぬ間際の（侍の）目。
②例（侍は、）殺し合ってばかりで、何も作り出すことはできないから。
(2)侍たちは、何にも
(3)町人の暮らし・祇園祭り（町衆の力）・（この）車・彫った字（順不同）
(4)例三吉はきっと腕のいい車大工になると信じる思い。
(5)ウ
(6)例車大工という仕事に誇りを感じ、いい車大工になると決意する気持ち。

2 ①暗闇　②黙　③縛　④物騒

考え方

1 (1)傍線部の次の親方の言葉に注目して捉える。親方は、死ぬ間際まで憎しみでいっぱいの侍の目を見て、殺し合いからは何も作り出すことはできないと考えている。
(2)前の部分に注目する。親方の言葉に、「侍たちは、……けど、わしらは……」と、侍と自分たち車大工を比べて述べている表現がある。親方の、車大工という仕事に対する誇りが読み取れる。
(3)傍線部を含む親方の言葉を丁寧に確かめよう。「途切れんと続いてる」「毎年行われ」「祭りのたびに」などの言葉から、変わらないと考えているものを捉えることができる。
(4)「きっと腕のええ車大工やったんやろなあ……」という言葉から、将来、腕のいい車大工になってほしいという三吉に対する親方の思いが読み取れる。
(5)三吉は普段は「半人前」と言われている親方から、思いがけず自分への期待を込めた言葉を聞いて、うれしいながらも照れくさく感じている。
(6)「思い切り……ひと吹きで消した」という勢いが感じられる行動から、三吉の決意を読み取る。これまでの流れから、親方の期待を受け止め、腕のいい車大工になることを決意していると分かる。

読解テクニック

1 (1)②理由になりそうな部分に「〜から。」を付けて考える！
「どうして」「なぜ」など、理由を答える問題では、文章中の理由になりそうな部分に「〜から。」を付けてみて、不自然な文にならないか、理由として成立するかどうかを判断する。

日本語探検2　接続する語句・指示する語句

p.26

ぴたトレ1

1 ①ねぼう　②こんきょ　③いっぱん　④ことがら　⑤ぶさた

2 ①ア　②エ　③イ　④ウ

p.27

ぴたトレ2

1 (1)①ア　②ウ　③エ　④イ　⑤オ
(2)①エ　②ウ　③オ　④ア　⑤イ　⑥カ

2 ①(向こうの壁にかけた) 写真　②全力をつくす　③織田信長

考え方

1 (1)それぞれ、(　)の前後の文がどのような関係になっているかを考える。
①は、明日がテストだということが理由で「勉強しなくて」はならないので、理由や根拠を示す「だから」が当てはまる。
②は、来週からキャンプなら準備が当然必要であるのに「していない」と言うのだから、逆のことを述べる「でも」が当てはまる。
③は「宿題は終わ」るということと「夕食」の話題とは別のことなので、違う話題を導入する「ところで」が当てはまる。
④は「牧場に行き」、「馬と遊」ぶという続いて起きることが書かれているので、付け加える「そして」が当てはまる。
⑤は深刻な環境問題の一例として「気温の上昇」が挙げられているので「例えば」が当てはまる。
(2)(1)と同じようにして、——線の前後の関係を考える。
①は、友達に会うつもりで家に行ったのに留守だったので、前の文から予想されることと逆の内容になっている。
②は、遅刻した理由は、遅くまで勉強していて起きられなかったからである。
③は、前の文の天候の話から、昨日の行動という違う話題に変わっている。
④は、「クラスのまとめ役」を、後の文で「クラス委員」と言い換えている。
⑤は、「果物の木」の具体例として、「びわや柿」を挙げている。
⑥は、前の文の「手紙を書いた」ことに、「ポストに出しに行った」ことを付け加えている。

オオカミを見る目

p.28

ぴたトレ1

1 ①さんびき　②ふ　③かしこ　④しょうちょう　⑤とら
⑥さいばい　⑦おそ　⑧しゅうげき　⑨あくま　⑩おそ　⑪じく
⑫ぼくちく　⑬きばん　⑭いなさく　⑮さか　⑯いの
⑰そうしょくじゅう　⑱ぼくめつ　⑲えど　⑳かんせんしょう
㉑ふきゅう　㉒くず　㉓おくびょう　㉔さわ

2 ①ア　②イ

3 オオカミ　ヨーロッパ・(置かれた) 社会の状況

p.29

ぴたトレ2

1 (1)生活の糧
(2)ア
(3)イ・エ (順不同)

p.30～31

1 ぴたトレ3

(1)狂犬病の流行
(2)例オオカミを悪者にした童話が広く普及した
(3)感染症であるジステンパーの流行、開発による生息地の減少、食料であるシカの激減など
(4)イ
(5)ア
(6)例野生動物への考え方が変わったように、人の考えや行いは社会の状況によって変化することを心に留めておいてほしいということ。

2
①伏　②基盤　③栽培　④祈

考え方

1
(1)同じ段落の前の部分に理由が述べられている。江戸時代に狂犬病が流行し、かかったオオカミは獰猛になり、そのオオカミにかまれた人も狂犬病を発症して苦しんだので、オオカミは忌まわしく思われたのである。
(2)指示語の内容を捉えるには、それより前に着目する。解答の文に「ヨーロッパの知識や価値観を取り入れたことで」とあるので、ヨーロッパの知識や価値観を取り入れた結果、どんなことが起きたかを答える。
(3)傍線部の直前に具体的な内容が書かれている。「ジステンパーの流行」「生息地の減少」「シカの激減」の三つが条件として挙げられている。
(4)これまでに述べたオオカミのイメージの違いや変化をまとめて、「野生動物に対する考え方が、その社会によっていかに強い影響を受けるか」、また「社会の状況の変化によって」変わりうることを述べているので、「これまで説明したことをまとめ」が当てはまる。さらに最後の段落の筆者の言いたいことにつながっているので「筆者の主張につなげている」とするイが当てはまる。
(5)「オオカミを見る目」の変化という具体例を挙げ、それを根拠に、人の考えや行いは、社会の状況によって異なりもするし、また変化もしうるという筆者の主張を述べているので、アが適切。先に疑問を提示しているが、その答えは最後に述べられているわけではない。したがってイは不適切。
(6)筆者の主張は、最後の段落にある。「野生動物」という言葉を使うという条件があるので、「野生動物」、つまりオオカミの例が筆者の主張の根拠になっていることをふまえてまとめる。指定語の「野生動物」「社会の状況」という言葉がないものや、「人の考えや行いは社会の状況によって変化する」という内容が含まれていないものは不可とする。

1 **読解テクニック**

(5)**明らかな間違いをチェックする！**
選択肢には、ほとんど正解となるような文に、一部分だけ当てはまらない言葉が混ざっているものが多い。細かく吟味し、全て当てはまるかどうか、確かめて答えよう。

文法の窓2　文の成分・連文節

p.32

1 ぴたトレ1

①はげ　②ふ　③しんや　④たからもの（ほうもつ）

2
①オ　②ア　③イ　④エ　⑤ウ

p.33

1 ぴたトレ2

(1)①（主語）僕は　（述語）遊んだ
②（主語）妹も　（述語）見る
(2)①ウ　②イ　③ウ　④ア
(3)①しかも
②音楽は得意だが
③雪が降ったので

(4) ①エ ②ア ③ウ ④イ

2 ①エ ②オ ③イ ④ア

考え方

1 (1)主語は「誰が（は）」に当たる文節であるが、「○○も」という形のときもある。他には「○○だけ」「○○こそ」などで主語となるときもある。述語は「どうする」などに当たる文節で、ここでは「遊んだ」「見る」という動作を表している。

(2)修飾語と修飾されている文節は、つなげて読んで意味が通るかどうか、確認するとよい。

①「川原を」「散歩した」とつながるので、「散歩した」を修飾している。

②「かわいい」「娘が」とつながるので、「娘が」を修飾している。

③「そよそよと」「吹く」とつながるので、「吹く」を修飾している。

④「きれいな」「星空を」とつながるので、「星空を」を修飾している。修飾される文節を「被修飾語」という。

(3)①「しかも」が、前の部分と後の部分をつないでいる。

②③「が」「ので」が、前の部分と後の部分をつないでいる。「が」「ので」がついている前の連文節すべてが接続部となることに注意する。②の「山田君は」は主語。

(4)①「まあ」は、ペンダントのきれいさに感動していることを表す。

②「バラ」は、「私の思い出の花」を先に提示している。

③「はい」は、相手の質問に応答している。

④「ねえ」は、相手に呼びかけている。

「呼びかけ」にはほかに「もしもし」「○○さん」などがある。

2 ①「野菜と」「肉を」は、同じ「買った」ものとして挙げられていて、この二つに差はないので並立の関係。「肉と」「野菜を」と順序を入れ替えても意味が変わらないことから判断する。

②「ある」は、本来の言葉の意味が薄れて、前の「貼って」を補助している。

③「動物園の」は、「トラが」を修飾している。

④この文の主語は「妹は」、述語は「洗った」である。よって、主・述の関係。

漢字道場2 音読み・訓読み

p.34

ぴたトレ1

1 ①もと ②もも（とう） ③あわ（ほう） ④か ⑤びんせん ⑥ばんぶつ ⑦ほっそく ⑧ごういん ⑨そっちょく ⑩ふうりん ⑪そっこう ⑫ぞうげ ⑬げんかく ⑭しん ⑮つど ⑯ゆうしゅう ⑰まさ ⑱けっさく ⑲きそ ⑳さ ㉑ふ ㉒ぞうきん ㉓よご

2 ①ア ②イ

p.35

ぴたトレ2

1 ①ウ ②ア ③エ ④イ

2 (1)①(音読み) エン (訓読み) の
②(音読み) コン (訓読み) こま
③(音読み) キョク (訓読み) ま
④(音読み) カン (訓読み) あせ

(2)①黄桃 ②美声 ③最多 ④負傷

(3)①コ・キ ②ソン・ゾン ③とも・そな ④なお・おさ

3 ①ウ ②ア ③エ ④イ ⑤ウ ⑥ア ⑦エ ⑧イ

考え方

1 「重箱」は「重」（＝音読み）＋「箱」（＝訓読み）という組み合わせである。同じように、「湯桶」は「湯」（＝訓読み）＋「桶」（＝音読み）という組み合わせになっている。

2 (1)それぞれ音読みで、①「延長」②「困惑」③「楽曲」④「発汗」などの熟語がある。

(2)①「黄色い桃」のだいじな要素は「黄」と「桃」である。これをつなげて「黄桃」（おうとう）という熟語になる。

②「美」と「声」をつなげて「美声」（びせい）、③「最」と「多」の漢字をつなげて「最多」（さいた）という熟語になる。
④「傷」「負」の順番を入れ替えてつなげると「負傷」（ふしょう）という熟語になる。

(3)①「自己」は「じこ」と読み、「自分」という意味である。「知己」は「ちき」と読み、「親友」という意味である。「こ」「き」の読みはどちらも音読み。

②「存在」は「そんざい」、「生存」は「せいぞん」と読む。「そん」「ぞん」はどちらも音読み。

③「供」（とも）は、人につき従うこと、またはつき従う人のことをいい、「とも」だけで意味の分かる言葉なので訓読みである。「供」の音読みは「キョウ」（提供）、「ク」（供物）がある。「ク」は中学校では習わない読み方。

④「治」の訓読みは「なお（る）」「おさ（まる）」の二つ。音読みは、「ジ」（政治）、「チ」（治安）がある。

3

①「王」は「オウ」で、音読みのみの漢字である。
②「絵」は「エ」「カイ」ともに音読みなので注意する。
③「夕」は「ゆう」が訓読みなので注意する。
④「やまざくら」と読み、「やま」「さくら」ともに訓読み。「桜」の音読みは「オウ」だが、中学校では習わない。
⑤「きゃくあし」と読む。「キャク」は音読み、「あし」は訓読みなので、重箱読みの熟語。「足」の音読みは「そく」で、他の訓読みに「た（りる）」がある。
⑥「じゅもく」と読む。「ジュ」「モク」ともに音読み。「木」は他の音読みには「ボク」、訓読みには「き」「こ」がある。
⑦「みちじゅん」と読む。「みち」は訓読み、「ジュン」は音読みなので湯桶読み。「道」の音読みは「ドウ」「トウ」がある。「トウ」は中学校では習わない読み方。
⑧「でぐち」と読む。「で」「ぐち（くち）」ともに訓読み。

---

p.36

碑（いしぶみ）

ぴたトレ1

1
①ばくだん　②やなぎ（りゅう）　③か　④りょうき　⑤ていさつ　⑥しゅんかん　⑦ねむ　⑧ふる　⑨らいめい　⑩きょだい　⑪に　⑫つちけむり　⑬どしゃ　⑭う　⑮ほ　⑯せんべい　⑰はげ　⑱わた　⑲たず　⑳ふうしょ　㉑さかのぼ　㉒こうげき　㉓こうがい　㉔てっ

2
①ア　②イ

3
①八・六

4
①三百二十一　②広島・原子爆弾
⬇全滅

p.37

ぴたトレ2

1
(1)そのとき、
(2)イ
(3)イ

p.38〜39

ぴたトレ3

1
(1)例頰を流れた涙が、まだ乾いていなかったから。
(2)例行方不明の自分の子供を何としても見つけ（たかったから。）
(3)ア
(4)①『）後からでいいよ（。』
②例お母さんには長く生きてほしい。
(5)半数近く
(6)例原子爆弾で全滅した広島二中の子供たちのことを忘れないでほしいという気持ち。

2
①柳　②雷鳴　③途中　④励

考え方

1 (1)直後のお母さんの言葉から読み取る。涙がまだ乾いていなかったということは、母親が来る直前まで生きていて、涙を流していたということである。

(2)あてどもなく探したというのは、めあてなくさまようように探す様子を表している。

(3)死ねばもう話を聞くことはできないので、死ぬのなら話を聞きたかったという気持ちが分かる。「苦しそうにない」とあるので、イは誤り。話をしなかったために意識がなくなったわけではないので、ウは誤り。

(4)①同じ文の初めの「そのとき」とは、『お母ちゃんもいっしょに行くからね』と言った母親に、山下明治君が『後からでいいよ』と言ったときを指す。

②死期が迫っている状態であるにもかかわらず、母親のことを気づかっていることを捉える。

(5)一つ目の「＊＊」の後に「広島二中一年生の三百二十一人の半数近くは、遺体を見つけることができませんでした。つまり、行方不明なのです」とある。

(6)本川土手の「碑」は、「全滅した広島二中の子供たち」のことを後世に残すために建てられたものである。したがって、筆者がその「碑」を紹介することには、罪もなく奪われた広島二中の子供たちのことを忘れないでほしいという思いが込められていることが分かる。「平和な世界にしてほしい」という内容が含まれていても正解。

p.40

私のタンポポ研究

ぴたトレ1

1 ①くちく ②くわ ③か ④なぞ ⑤つぶ(りゅう) ⑥か ⑦すみ ⑧ひかく ⑨さ ⑩だれ ⑪こうい ⑫かき ⑬あたい ⑭はし ⑮えつらん

2 ①イ ②エ ③ウ ④ア

3 ①カントウ・セイヨウ ②発芽・芽生え

p.41

ぴたトレ2

1 (1)①そこで ②高温・適温

(2)①ウ ②ア

p.42～43

ぴたトレ3

1 (1)①例二十五度以上になると発芽しにくくなるため、夏には種子の多くは発芽しない。

②例三十四度でも発芽するので、夏でも発芽する。

(2)(Ｔ) セイヨウタンポポの芽生えは高温で生き残れるのか (Ｊ)

(3)イ

(4)例芽生えの状態で、高温でも生き残りやすいということ。

(5)例(三十一度以上では、)雑種タンポポの芽生えのほうが、セイヨウタンポポの芽生えよりも生き残る割合が高かった。

(6)例セイヨウタンポポの芽生えは暑さに弱く夏は枯れてしまう可能性が高いので、日本の都市部では、セイヨウタンポポよりも雑種タンポポのほうが生き残りやすい。

2 ①駆逐 ②詳 ③粒 ④閲覧

考え方

1 (1)それぞれ傍線部のすぐ後に、夏の発芽について説明されている。「～でしょう。」という文末から、事実ではなく筆者の推測であることも押さえておく。

(2)セイヨウタンポポが「小さな芽生えの状態で、暑さの真っただ中にいる」のであれば、その「セイヨウタンポポの芽生えは高温で生き残れるのか」という疑問を筆者は抱いたのである。「　」はあっても無くても正解。

(3)「都市部」の「猛暑」という気候の特徴を考える。夏に発芽し、芽生えの状態で暑さの中を過ごすセイヨウタンポポは、暑さに弱いと枯れてしまい生き残ることができない。種子の形でいるほうが、生き残りには有利なのである。

(4)この実験は、タンポポの芽生えが高温でも生き残れるかどうかを実際に調べるために行ったものである。高温で「生き残った個体数」が多いということは、芽生えが暑さに強く、そのタンポポは生き残りやすいということになる。

(5)前の段落の最後の文の内容を簡潔にまとめる。「三十一度以上では、」という書き出しが指定されているので、三十一度以上の結果をまとめればよい。

(6)(5)の事実から、筆者が出した結論を探すと、最後の段落に「日本の都市部では、セイヨウタンポポよりも雑種タンポポのほうが生き残りやすいといえそうです」とある。この部分を筆者がそのように考えた理由も含めてまとめればよい。理由と結論を意識して書くようにする。

読解テクニック

1 (6) **入れる要素に〇を付けておく!**

記述問題で答えに入れる要素が指示されているときは、必要な要素を落とすと減点される。設問文に〇などを付けておき、答えを書いたら確認するとよい。

日本語探検3　方言と共通語

p.44

ぴたトレ1

1 ①かいさい　②ふく

2 ①オ　②ウ　③イ　④ア　⑤エ

p.45

ぴたトレ2

1 ①イ・エ（順不同）　②ア・ウ（順不同）

2 ①ウ　②エ　③ア　④オ　⑤カ　⑥イ

3 ①例そんなことをしたらいけない。

②例今年もたくさんリンゴがとれた。

③例いらない物を捨てた。

④例散らかったおもちゃをかたづける。

考え方

1 方言は、地域ごとに異なり、家族や友達と話すときに使われることが多い言葉である。逆に、共通語は主に東京の言葉をもとに作られてきた、全国に共通する言葉である。全国に共通しているので、メディアなどで使われることが多い。

2 各地方で様々な方言があり、全く異なる形なので、共通語と比べて想像するのは難しいだろう。ここに挙げられているものは代表的なものなので、頭に入れておこう。

3 ①「あかん」（関西）は「いけない」、②「ぎょうさん」（近畿・岐阜・愛知など）は「たくさん」、③「ほかす」（関西）は「捨てる」、④「直す」（関西・九州など）は「かたづける」という意味である。

漢字道場3　漢字の部首

p.46

ぴたトレ1

1 ①へん　②かんむり（かん）　③なえ　④した　⑤ぬまち　⑥あんたい　⑦はんこう　⑧めす（し・め）　⑨かんだい　⑩ていとう　⑪おす（ゆう・お）　⑫いど　⑬えきびょう　⑭りょう　⑮えり　⑯しつじつごうけん

2 ①エ　②イ　③ウ　④ア

p.47

ぴたトレ2

1 (1)①阝　②隹　③宀　④力　⑤皿　⑥走　⑦广　⑧門

(2) ①エ　②ウ　③イ
(3) ①イ　②オ　③カ　④ウ　⑤ア　⑥エ

2 ①エ　②ア　③ウ　④イ

3 ①エ　②イ　③ウ　④ア　⑤カ　⑥オ

考え方

1 (1)それぞれの部首名は、①こざとへん、②ふるとり、③うかんむり、④ちから、⑤さら、⑥そうにょう、⑦まだれ、⑧もんがまえである。

(2)①のぎへんの付く漢字は、「稲(いね)」「種」「穂(ほ)」など、穀物に関係がある漢字。②うかんむりの付く漢字は、「宿」「室」「家」など、住居に関係がある漢字。③おおがいの付く漢字は、「顔」「頭」「額」など、頭部に関係がある漢字。

(3)それぞれ部首を組み合わせると、①鉱・鉄・銅、②郡・都・郵、③志・忘・忠、④迷・返・造、⑤庁・序・府、⑥笛・答・等となる。

2 ①にんべん・ひとやねは「人」が元となる漢字。②りっとう・かたなは「刀」が元となる漢字。③ころもへん・ころもは「衣」が元となる漢字。④しめすへん・しめすは「示」が元となる漢字。

3 ①「朗」の「月（つき）」の元となる漢字は「月」で、月の満ち欠けや月光に関する意味を表す。②「腰」の「⺼（にくづき）」の元となる漢字は「肉」で、肉や体に関する意味を表す。③「替」の「⽈」の元となる漢字は「日（いわく）」。④「景」の「⽈」の元となる漢字は「日」で、日・時間・明暗などに関する意味を表す。⑤「郊」と⑥「限」の部首は、どちらも「⻖」だが、偏(へん)か旁(つくり)かで部首名が異なるので注意する。

p.48

月夜の浜辺(はまべ)

1 ぴたトレ1

①ばん　②ひろ　③ぼく　④あ　⑤ろうどく　⑥じゅうごさい　⑦そうさく　⑧さら

p.49

ぴたトレ2

1 (1)ボタン　(2)イ　(3)反復　(4)①イ　②ウ

2 ①エ　②ア　③オ　④イ　⑤ウ

移り行(ゆ)く浦島太郎(うらしまたろう)の物語

p.50

1 ぴたトレ1

①うらしまたろう　②ぐうじょう　③かめ（き）　④むろまちじだい　⑤つる　⑥ちょうじゅ　⑦かがや　⑧せんにん　⑨ぶたい　⑩か　⑪したじ　⑫ふ

2 ①イ　②ウ　③ア　④エ

3 ①浦島子　②鶴　③玉手箱

p.51

1 ぴたトレ2

(1)明治・子供向け
(2)約束を破って玉手箱を開けてしまったから
(3)ウ・エ（順不同）

伊曽保物語(いそほものがたり)

p.52

ぴたトレ1

1 ①ほんやく　②う　③しず　④むく

2 ①オ　②キ　③ウ　④カ　⑤エ　⑥ア　⑦ク　⑧イ

p.53

ぴたトレ2

1 (1)①くわえて　③ゆえに

(2)川・犬
(3)イ・ウ（順不同）
(4)そのごとく

竹取物語

p.54

ぴたトレ1

1
①ひめ　②やさ　③おろ　④りくつ　⑤つつ（とう）
⑥こがね（おうごん）　⑦かれ（ひ）　⑧あた　⑨おとず　⑩きょひ
⑪あきら　⑫しょうてん　⑬はごろも　⑭ぬ　⑮ぶみ　⑯そ

2
①イ　②ウ　③エ　④ア

p.55

ぴたトレ2

1
(1)さぬきのみやつこ
(2)②つかいけり　④やしなわす
(3)例たいへんかわいらしい様子で座っている
(4)イ

p.56〜57

ぴたトレ3

1
(1)①羽衣　②手紙
(2)三
(3)イ
(4)例たいそうもの静かで、冷静だった。
(5)①例翁たちを、気の毒だともふびんだとも思わず、物思いがなくなってしまった状態。
②例天の羽衣を着せられたから。

2
①優　②彼　③訪　④拒否

考え方

1
(1)後の「衣着せつる人は、心異になるなりといふ。もの一言、言ひおくべきことありけり。」はかぐや姫の言葉であり、これが「待て」と言った理由である。この内容になる言葉を、（　）に当てはまる形で現代語訳から探す。
(2)「兵士を……悲しみ」「宮中への……理由」「無礼な……心残り」の三つが取り上げられている。
(3)直前で「遅し」と言っていることから、かぐや姫を早く月へ連れて帰りたいことが分かる。かぐや姫が、すぐ天の羽衣を着ないで、人間に「言ひおくべきことありけり」と手紙を書いているので、いらいらしているのである。
(4)傍線部の前後に注目する。前では「いみじく静かに」とあり、後では「あわてぬさまなり」とある。天人がいらいらしていても、それに動じることなく、もの静かで冷静に手紙を書いていることが分かる。「静か」「冷静」といった内容が含まれていないものは不可とする。
(5)①かぐや姫が帝への手紙を書き終え、天に昇る場面である。このときのかぐや姫は、「翁を、いとほし、かなしと思しつることもうせぬ」という状態である。この部分を、現代語訳の言葉を使ってまとめる。
②かぐや姫は手紙を書き終えると、「ふと天の羽衣うち着せ奉りつれば」とあるように、天の羽衣を着たことが分かる。羽衣を着ると、前半部分で「心異になるなりといふ」とも書かれているように、心が人間とは異なってしまうのである。したがって、翁たちを気の毒だと思う心がなくなってしまったのは、「天の羽衣」を着たからだと分かる。「心が人間と異なってしまった」という内容が含まれていても正解。

読解テクニック

1(4)答え方の条件を満たすように書く！
古典の問題では、傍線部は古文に引いてあり、答えは現代語で答えるという形が多い。古文の中から答えの内容を見つけたら、現代語訳がある場合は現代語訳の言葉を使って、無い場合は現代語に直して答えるようにしよう。

矛盾（むじゅん）「韓非子（かんぴし）」より

p.58

ぴたトレ1

1 ①むじゅん ②かんぴし ③はな ④じん ⑤かた ⑥つ ⑦やまと ⑧すぐ

2 ①ウ ②ア ③オ ④エ ⑤イ

p.59

ぴたトレ2

1 (1)盾
(2)突き通せるものはないのだ
(3)盾と矛とを売る者
(4)ウ

日本語探検4 語の意味と文脈・多義語

p.60

ぴたトレ1

1 ①かいしゃく ②さっそく ③つか

2 ①イ ②エ ③オ ④ウ ⑤ア

p.61

ぴたトレ2

1 (1)①イ ②ア
(2)①ウ ②イ ③ア

2 (1)①ウ ②ア ③イ
(2)①ア ②ウ ③イ
(3)①イ ②ウ ③ア

3 (1)エ (2)ウ (3)イ

考え方

1 それぞれ選択肢（せんたくし）の言葉を当てはめて意味が通じるかどうか考える。
(2)①「土日は銀行（＝業務活動）は休業だ。」、②「あの銀行（＝銀行員）は感じが悪い。」、③「家の近くには銀行（＝建物や敷地（しきち））がない。」と考えてみる。

2 全て複数の意味を持つ多義語である。
(1)「他の手を考える。」（方法・やり方）、「行く手は険しい上り坂だ。」（方向）、「手のこんだ作品を作る。」（細工（くず））などの意味もある。
(2)「団結がかたい。」（かたまったものが崩れない）や「頭がかたい。」（融通（ゆうずう）がきかない）などの意味もある。
(3)「日に当たる。」（身に受ける）や「こっちは南に当たる。」（相当する）などの意味もある。

3 (1)例文の「暗い」は、〝希望や期待などが持てない〟という意味で用いられている。ア〜エの「暗い」の意味は、それぞれ、ア〝光が弱くて物がよく見えない〟、イ〝陰気（いんき）に感じられる〟、ウ〝よく分からない、知らない〟、エ〝希望や期待などが持てない〟。よって、エが正解である。
(2)例文の「見る」は、〝判断する〟という意味で用いられている。アは〝読む〟、イは〝調べる〟、ウは〝判断する〟、エは〝見学する〟という意味で用いられているので、ウが正解である。
(3)例文の「取る」は、〝取り除く〟という意味で用いられている。アは〝手に入れる〟、イは〝取り除く〟、ウは〝場所をしめる〟、エは〝手に持つ〟という意味で用いられている。よって、イが正解である。

文法の窓３　単語の分類

p.62

ぴたトレ1

1 ①くわ　②しず　③ゆうびんきょく　④くだもの　⑤ね　⑥にが　⑦きんべん　⑧かいてき

2 ①エ　②ア　③オ　④イ　⑤ウ

p.63

ぴたトレ2

1 ①僕は、目標に向かって努力した。
②彼女は、美しい花を見てほほえんだ。

2 ①（名詞）イ・エ・ス（順不同）
②（動詞）カ・ク・セ（順不同）　③（形容詞）オ
④（形容動詞）コ　⑤（連体詞）ケ　⑥（副詞）サ
⑦（接続詞）（なし）　⑧（感動詞）ソ
⑨（助動詞）キ・シ・タ（順不同）
⑩（助詞）ア・ウ・チ（順不同）

3 ①ウ　②ア　③ウ　④ア　⑤イ

考え方

1 付属語は助詞と助動詞のみなので、それ以外は全て自立語になる。

2 活用する用言は、それぞれの言い切りの形から判断する。カは「やむ」、クは「できる」、セは「さそう」で、ウ段で終わるので動詞。オは「明るい」で、「い」で終わるので形容詞。コは、「まっ白だ」で、「だ」で終わるので形容動詞。活用のない品詞で、物事の名前を表しているイ「雨」、エ「二時間目」、ス「三郎」は名詞。「下」という体言を修飾しているケ「その」は連体詞、「言いました」という用言を含む文節を修飾しているサ「そっと」は副詞。ソ「わあい」は、感動を表す感動詞。残りの助動詞・助詞は、活用のあるキ「ような（ようだ）」、シ「まし（ます）」、タ「ない」が助動詞、その他は助詞となる。

3 ①ウは「い」で終わっているので形容詞。②アは「だ」で終わっているので形容動詞。③ウは「い」で終わっているので形容詞。④アはウ段で終わっているので動詞。⑤イは「もし～なら（たら）」という形をとる副詞。

少年の日の思い出

p.64

ぴたトレ1

1 ①しょさい　②ふとうめい　③こ　④めずら　⑤ふゆかい　⑥の　⑦かんだか　⑧ゆうぎ　⑨むさぼ　⑩はんてん　⑪きんちょう　⑫つぶ　⑬えもの　⑭ねた　⑮たた　⑯ゆうが　⑰ゆうわく　⑱つくろ　⑲かっとう　⑳いかん　㉑せんりつ　㉒きょうしゅう　㉓こお　㉔しょうけい

2 ①イ　②ア

3 ①私　②客（彼・友人）　③僕　④エーミール

p.65

ぴたトレ2

1 (1)イ
(2)あらゆる点で、模範少年
(3)そのため、

p.66～67

ぴたトレ3①

1 (1)僕はその上
(2)例クジャクヤママユの有名な斑点を見たいということ。
(3)ウ
(4)例突然自分が本当に盗みを犯したことを悟り、誰かに見つからないかと不安になる気持ち。
(5)①例クジャクヤママユが自分のポケットの中で潰れてしまったということ。
②例美しい珍しいチョウを自分が台なしにしてしまったこと。

2 ①書斎　②透明　③濃　④網

考え方

1 (1)「僕」が、エーミールの部屋でクジャクヤママユを見つけたことが分かる、初めの段落の「果たしてそこにあった。」以降に着目する。「眺めた」という言葉を手がかりに探すとよい。「とび色のビロードの」で始まる一文は、クジャクヤママユの様子を表すものであり、「僕」の様子ではないので不適切。その後の文が「僕は」で始まっていることに着目する。「僕はその上にかがんで」「残らず、間近から眺めた」などの表現から、「僕」が熱心にクジャクヤママユを眺めていることが読み取れる。

(2)傍線部の前の段落に、クジャクヤママユの「有名な斑点」が「細長い紙切れの下になっていた」と書かれている。つまり、その紙切れを取りのけることでクジャクヤママユの「斑点」を見ようとしていることが分かる。

(3)傍線部の直前に着目し、「この宝を手に入れたいという逆らいがたい欲望を感じて」とあることから考える。ア「僕」はエーミールの部屋に忍び込んでからも、夢中でクジャクヤママユを見ており、部屋に忍び込んだことで「気が動転」してはいないので誤りである。「僕」は、クジャクヤママユに魅了されて盗みを犯したのであり、エーミールに対する思いからではないので、イも誤りである。

(4)傍線部の直前に着目する。「見つかりはしないか、という恐ろしい不安に襲われて」とあるので、満足感から一変して上がってくる人に見つからないか不安になり、上着のポケットにチョウを隠したと分かる。

(5)①傍線部の「それ」とは、前の文にある「チョウ」のことである。「チョウ」に何が起こったかは、傍線部の後に着目して捉える。「クジャクヤママユは潰れてしまった……もう思いもよらなかった」から読み取れる内容を、簡潔にまとめるとよい。「前羽が一つと触角が一本なくなっていた」といった解答は、「羽はばらばらになって」しまったという事実が含まれていないので不適切。内容全体を表す簡潔な表現で答える。

②最後の段落の一文目の「盗みをしたという気持ちより……僕の心を苦しめた」に着目して答える。チョウに魅了されている「僕」は、「盗みを犯した」という社会規範への意識よりも、美しいチョウへの思いが上回っているのである。

p.68~69

ぴたトレ3 ②

1 (1)例自分のしたことを話し、許してもらうよう頼むこと。

(2)(エーミールが)例「僕」の言うことを理解して、信じてくれるとは思えなかったから。

(3)台なしになったチョウ

(4)イ

(5)おもちゃ・チョウ(の収集)(順不同)

(6)罵り・軽蔑

(7)例(チョウへの熱情から)とり返しのつかないことをした自分を罰しようとする気持ち。

2 ①甲高 ②貪 ③緊張 ④自慢

考え方

1 (1)傍線部の後の母の言葉に着目して捉える。「自分でそう言わなくてはなりません」「許してもらうように頼まねばなりません」から、自分のしたことを告げ、許してもらうことを頼むように言っている。「自分の持っているもので埋め合わせをする」という内容が入っていてもよい。

(2)傍線部の前の部分に着目する。ほかの友達だったら、すぐに謝る気になれるのだが、「模範少年」であるエーミールが「僕」の気持ちを理解してくれるはずがないと感じていたので、行く気になれなかったのである。

(3)指示語の指す内容は、指示語の前に着目して探すのが原則。「それ」は、エーミールが繕うために努力したものであることから、

(4)直前の文の「台なしになったチョウ」であると分かる。エーミールが、「僕」のチョウへの熱情を理解せず、ただ「僕」がしたことから軽蔑すべき人間と決めつけている様子から考える。

(5)「僕は彼に僕のおもちゃをみんなやると言った」とある。母親の「おまえの持っているもののうちから、どれかを埋め合わせにより抜いてもらうように、申し出るのです」という言葉に従い、自分なりに伝えたのである。「僕は自分のチョウの収集を全部やると言った」

(6)傍線部の直前の「そのとき」に着目する。「そのとき」とは、エーミールが、「世界のおきてを代表でもするかのように、冷然と、正義を盾に、侮るように」「僕」の前に立って、「ただ僕を眺めて、軽蔑していた」ときであり、「僕」は、このようなエーミールの態度から、傍線部のように悟ったのである。

(7)チョウに対する「僕」の思いの深さを手がかりにして考える。チョウへの熱情のあまり犯してしまった盗みだったが、エーミールに許してもらうことはおろか、チョウへの思いさえ否定されて、自分で自分の大切なものを台なしにしてしまった。そんな自分が許せなかったのだと考えられる。「自分を責める」「自分を罰する」と同等の内容がなければ不正解。

読解テクニック

1 (2)文末の答え方は、設問文に◯を付けておく！

理由を問われたら、「～から。」「～ため。」などのように、問われていることに合わせて答えないと減点される。同様に、「どんなことか」と問われたら「～こと。」、「どんな気持ちか」と問われたら「～気持ち。」と答えるようにしよう。設問文中の、文末の答え方が決まる部分に◯を付けておくと忘れにくい。

文法の窓4 名詞
漢字道場4 他教科で学ぶ漢字

p.70

ぴたトレ1

1
①てぶくろ ②せとおおはし ③ひゃくつぼ ④けいはんしん
⑤めじり ⑥ろ ⑦ちゅうしゃ ⑧そうじ ⑨かいしょ
⑩いちぜん ⑪さんせき ⑫ふく ⑬あねったい ⑭こふん
⑮やよい ⑯せきつい ⑰くじら（げい） ⑱ほにゅうるい
⑲けんびきょう ⑳そせい ㉑しゅうかく ㉒す（の）もの
㉓じんぞう ㉔きょうせん

2
①ア ②イ

p.71

ぴたトレ2

1
(1)①昨日、｜友人から｜一通の｜手紙が｜届いた。
②母は、｜毎日｜おいしい｜料理を｜作って｜くれる。
(2)Ⅰ①生徒・クラス ②南中学校
③一組 ④僕
Ⅱ①弟 ②将太
③五月・三歳（順不同） ④私

2
(1)①ウ ②エ ③イ ④ア
(2)①話 ②楽しみ ③お茶 ④植木

3
①甲骨 ②被子 ③貝塚 ④濃度

考え方

1 (1)「昨日」「毎日」は、普通名詞なので注意する。
(2)Ⅱ「私」は代名詞、「弟」は普通名詞なので、混同しないようにしよう。

2 (1)③「速さ」は形容詞の「速い」に接尾語「さ」が付いてできたもの。
④「走り」は動詞「走る」の連用形が名詞になったもの。「走り」の「り」は接尾語でないことから判断できる。
(2)「話」は、「話す」という動詞の連用形が名詞になったもの。「楽しみ」

は、「楽しい」という形容詞に接尾語「み」が付いたものである。

p.72〜73

ぴたトレ3

1 ①明日・つり・予定（順不同）
②カナさん・横浜・朝日ホテル（順不同）
③十年ぶり・三度目・四十人（順不同）
④あそこ・彼女（順不同）
⑤ところ・はず（順不同）

2 ①カ ②ウ ③オ ④ア ⑤イ

3 ①イ ②ア ③ア

4 ①ウ ②エ ③ア

5 ①動き ②借り ③多さ（多く） ④暑さ ⑤うまさ（うまみ）

6 ①春風 ②借り物 ③高値
④受け取り ⑤遠回り ⑥物語

7 ①弥生 ②室町 ③哺乳類 ④惑星 ⑤置換 ⑥添加物 ⑦酢
⑧古墳 ⑨炭水化物 ⑩鯨 ⑪腎臓 ⑫顕微鏡 ⑬胸腺
⑭亜熱帯 ⑮牧畜 ⑯屈折 ⑰乾季 ⑱弾性 ⑲裁断 ⑳脊椎

考え方

1 該当の名詞を全て抜き出すことに注意する。
①一般的な名詞を全て抜き出す。「つり」は、「つる」だと動詞になる。「予定だ」は、「予定（名詞）」＋「だ（助動詞）」で、形容動詞ではないので注意する。
②「カナさん」は人名、「横浜」は地名、「朝日ホテル」は建物の名前である。
③「十年」だけでなく「十年ぶり」、「三度」だけでなく「三度目」で一つの名詞であることに注意する。
⑤「ところ」は、場所を指す実質的な意味を失っているので形式名詞。「はず」も、実質的な意味を失っているので形式名詞である。

2 ①②③④は人を指していて、⑤は名刺という物を指していることに注意して選ぶ。それぞれを空欄に当てはめて文意が通るかどうか確認する。

3 ①イは、「道理・意味・理由」という実質的な意味が失われている。
②アは、「物にはさまれた部分」という実質的な意味が失われている。
③アは、「場所」という実質的な意味が失われている。

4 ①ア・イ・エは固有名詞、ウは普通名詞。
②ア・イ・ウは代名詞、エは普通名詞。
③イ・ウ・エは数詞、アは代名詞。

5 ①②は動詞から転成名詞を作る。③④⑤は形容詞に接尾語を付けて名詞を作る。③は、形容詞「多い」の連用形が名詞になった「多く」も正解。「生徒の多くが賛成した」などのように使う。

6 ①は名詞＋名詞、②は動詞＋名詞、③は形容詞＋名詞、④は動詞＋動詞、⑤は形容詞＋動詞、⑥は名詞＋動詞の組み合わせの複合名詞である。

風を受けて走れ

p.74

ぴたトレ1

1 ①あし（きゃく） ②ぎし ③ひつじゅひん ④ひざ ⑤いだ（だ）
⑥うす ⑦わんきょく ⑧じょうぶ ⑨ちょうせんしゃ ⑩ろうか
⑪ため ⑫そうしつかん ⑬なや ⑭ふ ⑮れんらく ⑯ばんそう
⑰きそ ⑱はば（ふく）

2 ①ア ②イ ③ウ

3 ①世界 ②柳下孝子 ③陸上競技・風

p.75

ぴたトレ2

1 (1)①「義足でだ（〜）ないか。」
②イ
(2)①耐久性
②精巧

p.76～77

1 ぴたトレ3

(1) ウ
(2) 例 続けてさえいれば、少しずつでも走れる人が増えて、そこからまた何かが生まれるかもしれないから。
(3) 不安を感じ
(4) 選手たちの背中をそっと押している風
(5) 例 ただ吹いてくる風ではなく、自分で作り巻き起こした風。
(6) 例 脚を失った人たちの人生の幅が広がるように、自分は義足を作る人間としてその機会を作り、広げる役割を果たしていきたい。

2 ①薄　②廊下　③喪失感　④悩

考え方

1 (1) 傍線部の二つ後の段落の内容を読み、当てはまらないものを選ぶ。「百メートルを二十秒ほどで走るランナーに変身させる力を持っていた」とあるので、「走る競技には適さない」は誤り。

(2) 次の文の「続けてさえいれば、少しずつでも走れる人が増えていく。そこからまた何かが生まれるかもしれない」という部分が理由に当たる。その後の「前向きな人生を送れるようになるかもしれないし、別のことにも挑戦できるかもしれない」という内容が含まれていても正解。

(3) 直前の「不安を感じながらも走る気力を奮い起こした初心者を、何よりだいじにしたい」というのが「臼井の信念」である。字数もヒントに探すとよい。

(4) 「縁の下の力持ち」とは、表に出ることなく見えないところで周囲のために努力し支える人のことをいう。ここでは、臼井の、大声を張り上げたり目立ったりすることのない態度を「縁の下の力持ち」と言っている。これを、一つ後の段落で、「選手たちの背中をそっと押している風」と言い換え、風にたとえている。

(5) 一言で言うと「風」である。「具体的に」とあるので、その後の「ただ吹いてくる風ではない。自分で作った風、自分で巻き起こした風」という部分も加えて答える必要がある。

(6) 文章で伝えたい思いは最後の段落にまとめられていることが多い。この文章でも、最後の段落の内容を簡潔にまとめればよい。ただし、指示語は指し示す内容が分かるように言い換える必要があるので注意する。

読解テクニック

1 (3) 抜き出す部分に——を引いておく！
「抜き出しなさい」とあったら、読点、句点などの符号も含めて文章の表現通りに書く必要がある。特に「初めの五字」などのように一部分を抜き出す場合は、単語の途中で切れることもあるので、注意が必要である。抜き出す部分に——を引いておき、そこを見ながら書けば間違えにくい。

ニュースの見方を考えよう

p.78

1 ぴたトレ1

①しぶや　②しちょうしゃ　③ふんそう　④せんぱい　⑤ぼうとう　⑥こちょう

2 ①エ　②オ　③ア　④ウ　⑤キ　⑥イ　⑦カ

3 客観的・ねらい

p.79

1 ぴたトレ2

(1) 街頭インタビュー
(2) 限られた
(3) ウ

p.80〜81

ぴたトレ3

1

(1)・例視聴率が高いと広告料がたくさん入るから。
・例なるべく多くの人に見てもらいたいから。(順不同)
(2)社会的責任
(3)演出
(4)例制作者が意図やねらいを持って編集したニュース。
(5)イ・ウ・エ(順不同)
(6)例ニュースの受け手でいるだけでなく、ニュースを自分なりに判断していくことが大切であるということ。

2

①渋谷 ②紛争 ③先輩 ④誇

考え方

1

(1)傍線部の直後の文に着目する。「〜から、視聴率を意識します」とあるので、「から」の前に視聴率を気にする理由が書かれている。一文にまとめられているので、二つに分けて「〜から。」という形に直す必要がある。
(2)傍線部に続く部分から、ニュース番組に対する以前のテレビ局の考えを捉える。「ニュースは視聴率が低いもの」と考え、「社会的責任」として流すが、「もうかるものではない」と考えていたのである。ここから、五字の言葉を抜き出す。
(3)直後の、それまで述べたことをまとめる「つまり」を使った文に着目する。筆者は、それまで述べたことを「ニュースも演出されている」とまとめている。
(4)傍線部の直前に着目して、傍線部の内容を捉える。直前の文の「制作者が意図やねらいを持って編集した」が「そうした」の指す内容である。
(5)ニュースを見るときにどのようにするとよいかの具体例は、最後から二つ目と三つ目の段落に書かれている。選択肢の内容を一つずつ、この二つの段落の内容に照らし合わせて考える。「考えながら見る」「疑問に思いながら聞く」「調べてみる」の三つを押さえる。
(6)説明文で筆者の最も伝えたいことは、文章の最後に書かれていることが多いので、最後の段落に着目して捉える。「ニュースを自分なりに判断する」といった内容が含まれていないものは不正解とする。

読解テクニック

1

(5)選ぶ数に◯を付けておく!
選択問題では、選ぶ選択肢の数が一つとは限らない。指示にあった数を選ばないと減点もしくは不正解とされる。複数選ぶときは、選ぶ数に◯を付けておくと間違えにくい。

文法の窓5 連体詞・副詞・接続詞・感動詞

p.82

ぴたトレ1

1 ①か ②せんたく
2 ①ぼうとう ②かしこ ③とくちょう ④ふ
3 ①オ ②ア ③イ ④エ ⑤ウ

p.83

ぴたトレ2

1 ①色 ②こと ③花 ④十月十日
2 ①イ ②ア ③ウ
3 ①または・オ ②しかし・イ ③だから・ア ④ところで・カ ⑤また・ウ ⑥なぜなら・エ
4 ①ウ・カ(順不同) ②ア・オ(順不同) ③イ・キ(順不同) ④エ

考え方

1

①は「〜な」型、②は「〜た(だ)」型、③は「〜の」型、④は「〜る」型の連体詞である。

2

①「ずいぶん」は、高さの程度を表しているので、「程度の副詞」で

ある。
②「ぎらぎら」は、太陽が〝照りつける〟様子を表しているので、「状態の副詞」である。
③「少しも」は、後に「ない」という言葉がくる「呼応の副詞」である。

3 ①「または」は対比・選択、⑤「また」は累加・並立なので注意する。

4 ①ウ「ある」は「〜る」型、カ「小さな」は「〜な」型の連体詞である。
②ア「ただちに」は状態の副詞、オ「ぜひ」は後に「ください」などがくる呼応の副詞。
③イ「および」は累加・並立、キ「それとも」は対比・選択の接続詞。

漢字道場5　漢字の成り立ち

p.84

ぴたトレ1

1 ①えんじょう　②しゅうじん　③さる（えん）　④げんがく
⑤ようばい　⑥がくふ　⑦まさつ　⑧せいめい　⑨ぎせい
⑩ふごう　⑪ふぞく　⑫か　⑬そぜい　⑭そし　⑮そげき
⑯せんたく　⑰しょうやく　⑱いっきん　⑲きょしょう

2 ①イ　②ア　③ウ

p.85

ぴたトレ2

1 ①形声　②転注　③指事　④象形

2 ①ア　②エ　③ウ　④イ　⑤ア　⑥ウ　⑦イ　⑧エ

3 ア・ウ・エ・カ（順不同）

4 ①人（＋）木　②手（＋）目
③日（＋）雲　④口（＋）鳥（それぞれ順不同）

5 ①（意味）手・（音）麻　②（意味）門・（音）各
③（意味）水（氵）・（音）戻　④（意味）人（亻）・（音）扁

6 ①ロンドン　②オランダ　③ニューヨーク

考え方

1 ②元の意味と関係のある別の意味に使い方を広げることを「転注」という。「音楽」の「楽」などがある。

2 ②「氵（水）」が意味を表し、「由」が音を表している。
③「人」＋「口」の会意。
⑥「木」＋「木」＋「木」の会意。
⑧「口」が意味を表し、「門」が音を表している。

3 「木」「大」は、象形である。

4 ②「看」の「手」の部分は「手」の変形したものである。

5 それぞれ①「麻」（マ）、②「各」（カク）、③「戻」（レイ）、④「扁」（ヘン）が音を表している。

6 音から想像できるものもあるが、代表的なものは覚えておくとよい。

わたしの中にも

p.86

ぴたトレ1

1 ①の　②ふ　③ま　④けはい　⑤つ　⑥むら

2 ①ウ　②エ　③ア　④イ

p.87

ぴたトレ2

1 (1)つくし・つばな（順不同）・背伸び
(2)ア・ウ（順不同）
(3)伸びよう・ことば

トロッコ

p.88

ぴたトレ1

1 ①うんぱん　②しょじゅん　③どろ　④こうばい　⑤はくぼ
⑥うちょうてん　⑦やろう　⑧きおく　⑨しきさい　⑩ほ
⑪つめ　⑫がけ（がい）　⑬ち　⑭がんじょう　⑮がし　⑯か

⑰け　⑱じゃま　⑲ぞうり　⑳たび　㉑かどぐち
㉒しゅふで（しゅひつ）

2
①ア　②イ

3
良平・土工

p.89

ぴたトレ2

1
(1)トロッコ・返事
(2)そこには両
(3)イ

p.90～91

ぴたトレ3 ①

1
(1)イ
(2)悠々と茶な
(3)（早く帰りたくて、）例とても駄菓子など食べる気分ではなかったから。
(4)良平は車に
(5)例少しでも早くトロッコを目的地まで運び、帰りたい気持ち。
(6)もうかれこ
(7)例土工にお礼を言うべきだと思ったが、自分の置かれている状況を知り、ぼうぜんとする気持ちだったから。

2
①運搬　②記憶　③色彩　④褒

考え方

1
(1)傍線部の直後に着目。「もう帰ってくれればいい。」とある。憧れのトロッコに乗れて楽しんでいたが、遠くまで来すぎた不安からもう帰りたくなっているのである。
(2)早く帰りたくていらだっている良平とは対照的な土工たちの様子に着目する。良平が帰りたくてあせっているために、余計、土工たちの態度が「悠々と」しているように見えてしまうのである。
(3)良平の状況から考える。早く家に帰りたい良平は、ゆっくりと茶を飲んでいる土工たちにいらだっていて、菓子などを食べる気持ちのゆとりがないのである。
(4)良平がトロッコを押している様子が書かれている部分を探すと、「良平は車に手を掛けていても、心はほかのことを考えていた。」という表現が見つかる。帰りたいあまり、あれほど押したかったトロッコなのに、押していても上の空なのである。
(5)傍線部の前後の良平の様子や情景描写もあわせて考える。「茶店の前には……西日の光が消えかかっている」から、日が暮れかかっていることが分かる。また、トロッコは、目的地まで行かなければ帰れないので、あせりがつのる良平は、早く目的地に向かってほしいと思っている。土工が茶を飲んでいる間、いてもたってもいられず、トロッコの周りをうろうろしていると考えられる。
(6)傍線部直後の文の文末が「～のである。」という強調を表す言い方であることに着目する。この文に、良平が「あっけにとられた」理由が書かれている。暗い中、これまで歩いたことのないような長い距離を一人で歩いて帰らなければならないことが分かったからである。
(7)「取って付けたような」とは、わざとらしく不自然な様子を表す。土工たちと一緒に帰るつもりでいたのに、一人で帰らねばならないことを初めて知り、予想外のことにぼうぜんとして、このようなお辞儀をしたと考えられる。

p.92～93

ぴたトレ3 ②

1
(1)例着物が汗でぬれ通ったのが気になったから。
(2)命さえ助かれば
(3)イ
(4)例辺りがすっかり暗くなったこと。
(5)例家に着いたことで安心し、それまでおさえていた気持ちが、一気にあふれ出したから。

(6)良平は二十
(7)例良平の現在の人生も、前途は見通せず、心細いという意味。

2 ①勾配 ②乳飲 ③蹴 ④草履

考え方

1 (1)「〜から」「〜ので」などの言葉に着目する。すると、傍線部と同じ文に、「着物までも、汗のぬれ通ったのが気になったから」とあるのが見つかる。必死に駆けているうちに、着物が汗でぬれてしまったので、その上に着ていた羽織を脱いで捨てたのである。

(2)二番目の段落から良平の思いが分かる言葉を探す。「『命さえ助かれば。』――良平はそう思いながら」とあるので、「命さえ助かれば」を抜き出す。良平は、命の危険さえ感じていたのである。

(3)「村外れの工事場」は、トロッコを押させてもらった出発点である。家が近づいたことで緊張は少し緩んだが、この出来事の発端となる場所ではなく、家へ着いて初めて本当に安心できるので、ここではまだ泣かなかったのである。

(4)傍線部の、道の両側の家に電灯がつき、その光が互いの家に差し合っているという情景から、辺りがすっかり暗くなっていることが分かる。

(5)泣いている良平の気持ちは、「あの遠い道を駆け通してきた、今までの心細さを振り返ると、いくら大声に泣き続けても、足りない気持ち」という部分に着目して捉える。家に着いてそれまでの心細さからやっと解放され、我慢していた気持ちがあふれ出したのである。

(6)場面の変化は、登場人物の変化に着目して捉える。最後の段落の初めに「良平は二十六の年、」とあることから、それまでの子供だった良平について書かれている部分は回想で、ここから、現在の良平について書かれていることが分かる。

(7)「塵労」とは、〝この世に生きる苦労〟のことである。大人になった良平の前にも、期待が思いどおりにならない不安や心細さが続いているというのである。「現在の人生が思いどおりにならない」「現在の人生は厳しいものである」「現在の人生に不安を感じている」などの内容が、「現在の人生」という言葉を使って書かれていないものは不正解。

読解テクニック

1 (7)使うことが指定されている言葉に〇を付けておく!

記述問題で使うことが指定されている語がある場合は、使わないと減点もしくは不正解にされる。設問文に〇を付けて忘れないようにし、答えを書いたらきちんと使っているかを確かめるとよい。

そこに僕はいた

p.94

ぴたトレ1

1 ①ひび ②ころ ③ほ ④つ ⑤はな ⑥みな(かい) ⑦かか ⑧あしぶ ⑨かんしょく ⑩ともな ⑪てんとう ⑫とちゅう ⑬みちばた ⑭ねら ⑮さ ⑯と ⑰どろ ⑱さけ ⑲だま ⑳とつぜん

2 ①イ ②ウ ③ア

3 ①僕 ②あーちゃん

4 ①嫌 ③好き

p.95

ぴたトレ2

1 (1)①複雑な気分
②ア
(2)人一倍負けず嫌い

p.96~97

ぴたトレ3

1
(1) ア
(2) 例石投げという危ない遊びをしていたことを両親にとがめられたくなかったから。
例あーちゃんに対して大人たちがとるだろう態度が気になったから。(順不同)
(3) 例兄に謝ってほしいということ。
(4) 片方の目を
(5) あーちゃんといっしょに遊ぶこと
(6) イ・ウ(順不同)
(7) 例あーちゃんがハンディを背負っている人だという意識が「僕」になく、ごく自然に手を差し出していたから。

2
①響 ②足踏 ③転倒 ④道端

考え方

1
(1)「石投げ」の場面の様子を丁寧に読み取る。あーちゃんは、「僕」ではなく弟を狙ったのだが、義足のためにバランスが取れず、顔の位置に投げてしまったのである。しかも、「僕」の前にいた弟がよけたために、後ろにいた「僕」は暗さで見えにくかったせいもあり、運悪く目に当たってしまったのである。イは、「ルールを守らなかったあーちゃんが」の部分が不適切。義足のせいでバランスを崩してしまっただけである。ウは、「コントロールが悪く『僕』に当たった」のではなく、「僕」の前にいた弟がよけて、「僕」に当たったので不適切。
(2) 傍線部の直後の文に「石投げという危ない遊びをしていたことを両親にとがめられたくなかった」、「あーちゃんが投げた石のせいだと知ったとき僕の両親や他の子供たちの母親がとるだろう態度が気になった」という二つの理由があるので、これらをそれぞれまとめる。
(3) 石投げの事故の後も、あーちゃんは、「僕の眼帯姿には一言も触れず、またいつものように遊びに参加してきた」と書かれている。弟は、あーちゃんのその「まるで自分がやったのではないと言わんばかりの態度」が気に入らなかったのである。
(4) 直後に「片方の目を塞がれたことで、僕には違う何かが見え始めていた」とあるように、自分の体にハンディを負ったことが、「僕」の何かを変えたことが読み取れる。今まで分からなかったあーちゃんの気持ちを理解できたために、あーちゃんを責める気持ちにはなれなかったのである。
(5) 指示語の内容は前の部分に書かれていることが多い。「あーちゃんといっしょに遊ぶこと」が初めは「気が重かった」が、しだいに「苦痛ではなくなっていた」のである。
(6) 自分がけがをさせた相手に謝らないことから、頑固でプライドの高い性格だと分かる。
(7) これまでのあーちゃんの性格からすると、ハンディを理由に、それを助けるために差し出された手を握るとは考えられないが、このときは「自然に」差し出された手だったので、あーちゃんも「僕」の手を握ってきたと考えられる。

「常識」は変化する

p.98

ぴたトレ1

1
①ちゅうけい ②あせ(かん) ③だっすい ④のど(こう)
⑤がまん ⑥めずら ⑦せんたくき ⑧じゅよう ⑨えいきょう
⑩およ ⑪かんぞう ⑫すぐ ⑬ふく ⑭たが ⑮あた ⑯するど

2
①イ ②エ ③ア ④ウ

3
珍しい・PCB・こんにゃく

p.99

ぴたトレ2

1
(1) 汗・命・危険
(2) ウ

(3)変化する

p.100～101

1 ぴたトレ3

(1)①例栄養価やカロリーが低く、あまり役に立たない。
②例食物繊維を多く含み、低カロリーであることがよい。
(2)工業化による悪い影響
(3)時代や社会
(4)イ
(5)嗅覚
(6)例知識と感覚を鍛えて、物事と向き合う力、はっきりと結論が出せないことについても考え続ける力を育てていくこと。

2
①脱水 ②珍 ③需要 ④優

1 考え方

(1)次の段落に、こんにゃくに対する以前の評価、今の評価が述べられている。「かつて」は、「栄養価やカロリーが低くあまり役に立たない食品だ」と考えられていたが、「今」は「食物繊維を多く含むこと」や「低カロリーであることがよいとされ」ているのである。この価値観の変化は、「食べ物が豊富ではなく、栄養をとることがだいじだった」時代から、「健康のためにカロリーのとりすぎに注意しなければならない」時代へと変化したことが原因であることも押さえておこう。
(2)次の段落に、環境問題と工業化との関係が述べられている。以前は「工業化」への人々の強い関心から環境問題は配慮されなかったが、「工業化による悪い影響」という「新しい事実」が明らかになったことにより、人々の価値観や考え方が変わったのである。
(3)「～によって、……は変化するのです。」という文の形に着目する。この「～」の部分が原因に当たる。
(4)次の段落の内容に合っているものを選ぶ。アは、「それに従うようにしよう」が不適切。ウは、「多数の人が持っている意見」を「自分の考えにしよう」としているところが不適切。エは、「自分だけでじっくり考えよう」の部分が不適切。
(5)「物事に向き合うときに必要な感覚」については、最後から二つ目の段落に書かれている。「『嗅覚』といってもいいほどの鋭い感覚を持って」に着目する。
(6)最後から二つ目の段落に筆者の主張が述べられている。「知識と感覚を鍛え」ること、「物事と向き合う力、はっきりと結論が出せないことについても考え続ける力を育てていくこと」。筆者はこの二つが大切だと述べている。二つの要素をもらさないようにまとめる。

さまざまな古典作品①

p.102～103

1 ぴたトレ3

(1)A日記 B男 C女
(2)少しばかり
(3)ようなきものにおもいなして
(4)男
(5)迷いながら行った
(6)①イ
②エ

1 考え方

(1)冒頭の一文に着目する。「男もすなる日記」とあるので、当時は「日記は普通男が書くもの」と考えられていたことが分かる。「女もしてみむとて」は、男が書く日記を「女の私も書いてみる」ということである。
(2)後の「物に書きつく」が「物に書きつける」という意味なので、現代語訳のその直前の言葉が「いささかに」の意味に当たる。
(3)「要」は古典では「えう」と書くが、euはyôに直すので、現代語では「よう」と発音する。「思ひ」の「ひ」は語中なので「い」に直す。

(4)傍線部のある文の主語は、「その男」であり、動作主は「男」であると分かる。現代語訳からも、「東国の方に住むのにふさわしい国を求めようと思って行った」のが誰か、と考えると分かる。
(5)「道知れる人もなくて」が「道を知っている人もいなくて」に当たるので、最後の「惑ひ行きけり」は「迷いながら行った」という意味になる。
(6)①「かくのごとし」は「このようなものである」と訳され、「かく」は前の部分を指している。「世の中にある人と住みか」は「行く河」と同じように、「久しくとどまりたるためし」がないというのである。アは、河の流れだけについて書かれているので不適切。ウは「人の愛情や考えというのは」とあるが、「愛情」に特化して書かれてはいないので不適切。エは「河に流されることを取り上げているわけではないので不適切。
②この世に常に同じものなどないと述べており、「無常観」が表れている。

さまざまな古典作品②

p.104

1 ぴたトレ3

(1)A（季語）名月・（季節）秋
B（季語）菜の花・（季節）春
(2)や
(3)Aエ
Bア
Cウ

考え方

1 (1)俳句には、普通、季語が入っている。季節の分かる言葉が季語である。Aの「月」は、秋の季語としてよく出題されるので覚えておくとよい。「月」は一年を通して見ることのできるものであるが、俳句では秋の季語として使われるので注意が必要である。Bの「菜の花」は、現代と同じように春の季語として使われる。「月」という言葉も使われているが、「菜の花や」と切れ字「や」が使われ、「菜の花」のほうに感動の力点が置かれているので、こちらが季語になる。
(2)「や」は切れ字で、そこで句がいったん切れる。他にも「よ・ぞ・かな・か・けり・なり・たり」などがあるので、あわせて覚えておこう。
(3)A月の美しさに時を忘れていたことが詠まれている。
B見渡す限り広がる一面の「菜の花」と、月が東から上り日が西に傾く夕暮れ時の情景がうたわれている。
C「痩蛙」という弱者を応援する一茶の姿が描かれている。

p.106

定期テスト予想問題 1

(1)A力尽きた　B消えた
(2)ア
(3)例次の駅で降りて、砂浜を走って帰る。

考え方

(1)傍線部の直前に着目して、出来事を捉える。「頑張れ、頑張れ、と小さな声を立て」ながら応援していた鳥の速度が次第に落ちてきて、とうとう力尽きたように「視界から消えた」のである。このことで、少年は感きわまっているのである。「体ごと振り向いて、鳥の行方を追う」ともあるように、少年は鳥が見えなくなるまで見守っていたことからも、少年の鳥への思い入れの強さが読み取れる。
(2)傍線部の直後の三行に着目する。自分の力で懸命に前進して消えていった鳥を見て、少年の心に、「甘えるな。／怠けるな。／力いっぱい飛べ。」、つまり、自分の力で懸命に前進しよう、という思いが芽生えたのである。イ少年は、自由に飛ぶ鳥に感動したのではなく、自分の翼で懸命に羽ばたく鳥に心を動かされたので誤り。ウ鳥は「列車に挑んだ」わけではないので、誤り。選択肢のどの部分が間違っているかも押さえよう。

(3) 傍線部の前の、少年の心の中の言葉に着目する。自分の翼で懸命に羽ばたいた鳥の姿に心動かされた少年は、次の駅で降りて、自分の足で砂浜を走って帰ろう、と考えていることが分かる。

p.107

定期テスト予想問題 2

(1) 例 自分の名前の文字の順番を間違えて彫ってしまったから。
(2) しょんぼり
(3) 例 何とかして間違えて彫った字を直したいという気持ち。
(4) ア・エ（順不同）

考え方

(1) 三吉が自分の間違いに気づいた場面である。自分の名前を「さんちき」と彫ってしまったことに気づいたのである。どんな間違いに気づいたのかを指定語の「順番」という言葉を使ってまとめる。『ち』と『き』の順番を間違えた」といった具体的な内容が書かれていても正解。

(2) 擬態語とは、物事の状態や様子をそれらしく表した言葉。三吉は、親方にすんでしまったことはどうにもならないと言われ、「しょんぼり」している。「しょんぼり」は、元気がなくしずんでいる様子を表す擬態語である。「うなだれた」も元気なく頭をたれることを意味するが、擬態語ではないので不適切である。

(3) 間違いに気づいた三吉は、「慌てて、『ち』の字を手でごしごしこすった」とあるように、どうにかして彫った文字を直せないかとあせっている様子がうかがえる。「親方にどうしたら直せるのか聞きたい。」「何とかして直す方法を教えてほしいという気持ち。」などと答えても正解。

(4) 「しもうたあ！」「どないしたらええんやろ」など、気持ちをそのまま言葉に表していることから、「自分の気持ちを、素直に言葉で表す人物」であることが読み取れる。また、名前を間違えて彫ってしまったことから、「失敗することもある、そそっかしい人物」であることも分かる。ウ三吉の言葉からは、親方に頼ろうとする性格も読み取れるが、親方に言われて名前を彫ったわけではないので「言われたことしかできない」とまでは言えない。

p.108

定期テスト予想問題 3

(1) 明治三十八年
(2) 例 神として敬われていたオオカミに対して、明治時代に徹底的な撲滅作戦が繰り広げられたこと。
(3) ① 数日間で死亡する
② 例 狂犬病で獰猛になったオオカミが、人もよく襲うようになったから。

考え方

(1) 「明治三十八年に捕獲された若いオスの記録を最後に絶滅してしまった」とある。江戸時代から、日本人のオオカミに対する見方は変わり始めているが、絶滅したのは明治時代であることを押さえる。

(2) 「手のひらを返す」とは、これまでの態度や評価を一変させることである。ここでは、昔の日本人に「神として敬われていた」オオカミが、現代では全く違った見方をされるようになったことを指す。日本では、江戸時代からオオカミに対する見方が変わっていき、最終的には明治時代の「徹底的な撲滅作戦」により絶滅してしまったのである。この「徹底的な撲滅作戦」を中心に、「迫害」の内容をまとめる。

(3) ① 次の文で「狂犬病は……」と説明している。「イヌ科の動物がかかりやすい感染症」であること、「発病した動物にかまれることによって人にも感染」すること、「いったん発症すると数日間で死亡する」ことなどから、当時の日本で大変恐れられていた病気であることが分かる。

②狂犬病にかかったオオカミが人に何をしたのかを中心にまとめればよい。「狂犬病にかかったオオカミは獰猛になり、何にでもかみつくようになる」とある。獰猛になったオオカミは人も襲うようになり、かみつかれた人は死ぬこともあったため、オオカミは「忌まわしい動物」になっていったのである。理由を問われているので、文末は「から。」「ので。」「ため。」などでまとめる。

p.109

定期テスト予想問題 4

(1) 例 父や母に会いたいという気持ち。
(2) 例 生徒たちを避難させなければならない
(3) 市の外に向
(4) 例 いまだかつてなかったほど原子爆弾による被害が大きかったということ。

考え方

(1) 直後に「しかし、気を取り直して、父や母に会いたい一心で頑張った」とあることから、このときの下野義樹君の「もうだめだ」という思いと「父や母に会いたい」という両方の気持ちを読み取る。

(2) 「けがのひどかった先生」という記述や「『もう私はだめだ、しかし君は頑張れよ。』」などの言葉から、先生もひどいけがややけどを負い、自分の命さえままならない状態であることが分かる。そんな状態でも生徒たちに指示を出す姿からは、生徒たちを助けたいという強い思いが読み取れる。

(3) 最後から二番目の文に、「お母さんやお父さん」の様子が描かれている。市内から外へと逃げていく子供たちとは反対に、市内にいる子供たちを探すために、親たちは、猛火の市内に危険を顧みずに入っていったのである。

(4) (原子)爆弾による被害があまりに大きかったため、人々は混乱し、状況を理解するまでに時間がかかったのである。

p.110

定期テスト予想問題 5

(1) ① 例 土地開発により本来の生育地を奪われてしまったこと。
② 例 新たに開発された場所に入り込むことができたこと。
(2) A 例 ほかの個体から花粉を受け取って
B 例 受粉せずに

考え方

(1) 「まことしやか」とは、本当ではないのにまるで本当であるかのような様子を表す。つまり、「セイヨウタンポポが在来タンポポを駆逐しているのではないか」というニュースは、真実のようで真実ではなかったのである。一九六〇年代の調査により、在来タンポポよりセイヨウタンポポが増えている現状に気づいたことで、「駆逐しているのではないか」という仮説が流れてしまったのだろう。では、実際はどうであったかというと、その調査の結果が次の段落で説明されている。「在来タンポポの数が減った」原因は、土地開発により在来タンポポの「生育地を奪われてしまったためだと分かりました」とある。「セイヨウタンポポ」の数が増えたのは「新たに開発された場所に入り込めたため」と述べられている。

(2) 同じ段落に書かれている内容を、「在来タンポポ」と「セイヨウタンポポ」の性質の違いに着目してまとめる。「在来タンポポ」は受粉が必要なため、一個体だけでは繁殖できないが、「セイヨウタンポポ」は受粉せずに種子を作れるため、一個体だけで繁殖できるのである。このような性質の違いにより、カントウタンポポは簡単には増えることができず、一方、セイヨウタンポポは容易に都市部で増えていったということである。それぞれ空欄の前後の内容につながるようにまとめよう。

定期テスト予想問題 6

p.111

(1) 波打際
(2) 例 月夜の晩に拾ったボタンが、指先に沁み、心に沁みたから。
(3) ア・イ（順不同）
(4) 例 静かで幻想的な様子。

考え方

(1) 第一連と第三連に「波打際に、落ちてゐた」とある。「波打際」とは、波が打ち寄せるところである。月夜の浜辺の波打際の情景を想像しながら読み味わおう。

(2)「どうしてそれが、捨てられようか？」には、反語という表現技法が使われている。反語とは、自分の考えを強調するために、言いたいことと反対の内容を疑問の形で述べる表現技法で、この場合「捨てられるはずがない」というのが、本当に伝えたい内容である。つまり、この問いは拾ったボタンが捨てられないのはなぜか、という意味になるので、その理由に当たる内容を探す。すると、前の連に「指先に沁み、心に沁みた」とあり、そのため捨てることができなかったのである。

(3) 第一連と第三連で、「月夜の晩に、ボタンが一つ／波打際に、落ちてゐた。」という部分が繰り返されている。また、第二連と第四連の「それを拾つて、役立てようと／僕は思つたわけでもないが」「僕はそれを、袂に入れた。」という部分も繰り返されている。このように、全く同じ語句が繰り返される表現技法を反復という。さらに、第四連の「月に向つてそれは抛れず／浪に向つてそれは抛れず」では、似た構成で語句が並べられており、このような表現技法を対句という。

(4) ボタンを捨てられない作者の思いや詩全体を流れる雰囲気から考える。月明かりのみの夜の浜辺の静かな様子、夢とも現実とも言えない幻想的・神秘的な様子を押さえよう。

定期テスト予想問題 7

p.112

(1) 例 水に流された蟻が浮いたり沈んだりしているところ。
(2) かの人
(3) いずくともなく
(4) そのごとく
(5) 例 そのように、人から恩を受けたような者は、どのようにしてでもその恩を返したいと思う気持ちを持つべきである。

考え方

(1) 指示語が指す内容はそれより前に書かれていることが多い。「これ」以前には、蟻が川のそばで遊んでいたところ、急に川の水が増えて、蟻が流されたことが書かれている。

(2)「ある人」は、「竿の先に鳥もちを付けて、かの鳩をささむと」している人である。このことを押さえて同じ人物を探すと、7行目に「かの人」とあり、鳩を捕らえようとしている人の足にかみついたという話の流れにも合う。したがって、「かの人」が傍線部の「ある人」と同一人物だと分かる。

(3)「いづく」の「づ」は、現代仮名遣いでは「ず」に直す。

(4)・(5) 第一段落には、川に流されて鳩に助けられた蟻が、その恩に報いたいと、人に捕まりそうになった鳩を助ける話が書かれている。この話を受けて、第二段落には、「人から恩を受けたような者は、どのようにしてでもその恩を返したいという気持ちを持つべきである」という教訓が書かれている。「そのごとく」（＝そのように）という接続語を使って、第一段落の内容を第二段落で受けてまとめている。

定期テスト予想問題 8

p.113

(1) 私の盾の堅いこと（といったら）、突き通せるものはないのだ

(2) 盾と矛とを売る者

(3) (ア) あなたの矛で、あなたの盾を突いたら、どうであるか（。」）

(4) ①矛盾

②例話のつじつまが合わないこと。

考え方

(1) 盾と矛を売っている者が、盾を自慢して言った内容である。「（といったら）」は書いていなくても正解。

(2) 文章の流れを押さえる。「吾が盾の堅きこと、能く陥すもの莫きなり。」と「吾が矛の利きこと、物に於いて陥さざる無きなり。」という言葉は、「盾と矛とを売る者」が言ったもので、自分が売る盾と矛の自慢をしているのである。

(3) 直後の「子の矛を以つて、子の盾を陥さば、何如。」が、「或ひと」の言った言葉である。「盾と矛とを売る者」が、自分の売る盾と矛を自慢する言葉を聞いて、「あなたの矛で、あなたの盾を突いたら……」とつじつまの合わない点をついたのである。

(4) ①楚人が売っていた「盾」と「矛」を組み合わせて「矛盾」という言葉ができた。この話がもとになってできた言葉であることを覚えておこう。

②突き通せるものがないほど堅い「盾」と、突き通せないものがないほど鋭い「矛」を自慢する人に対して、それを聞いていた人が、つじつまが合わないと指摘している。このことから「矛盾」は「話のつじつまが合わないこと」を意味するということが分かる。

定期テスト予想問題 9

p.114

(1) 例チョウの四つの大きな斑点を見たい

(2) 例欲しかったチョウを自分のものにしたこと。

(3) 例エーミールのチョウを盗んだことが見つかるのではないかという恐ろしい不安に襲われたから。

(4) エ

考え方

(1) 直前の「僕は紙切れを取りのけたいという誘惑に負けて」という表現に着目する。また、直後に「四つの大きな不思議な斑点が、……僕を見つめた」とあるように、チョウの斑点を見たという事実が書かれている。やってはいけないことだと思いつつも、チョウの斑点を見たいという誘惑に負けてしまったのである。

(2) この時点で、「僕」は自分が盗みを犯したことに罪の意識を感じておらず、欲しかったチョウを手にしたことに対する満足感でいっぱいなのである。

(3) 直前に書かれている「僕」の気持ちに着目する。(2)でも見たように、チョウを盗んだ直後は、罪の意識を感じることもなく「満足感」でいっぱいだったが、誰かが階段を上がってくることに気づいた瞬間、「自分は盗みをした、下劣なやつだ」ということを悟り、同時に「見つかりはしないか、という恐ろしい不安に襲われ」たのである。このとき、とっさにチョウをポケットに隠したのは、後者の「不安」の気持ちからである。

(4) 「自分は盗みをした、下劣なやつだ」と悟ってからの「僕」は、盗みがばれるのではないかという「緊張」「心配」「恐怖」を感じている。このような気持ちは、傍線部の直前の「びくびくしながら」「胸をどきどきさせ、額に汗をかき、落ち着きを失い、自分自身におびえながら」という表現からも分かる。ここに「感動」の気持ちは読み取れない。

p.115

定期テスト予想問題 10

(1) 例 大腿義足の人間が走れるようになったこと。

(2) 例 脚をなくした人たちが、走ることを取り戻すこと。

(3) ・例 ここでやめてしまったら、走れるようになる義足の人が増えないと思ったから。

・例 今のところ義足の人を走れるようにする手助けができるのは自分しかいないと思ったから。

考え方

(1) 臼井がかみしめた「喜び」とは、直前に書かれている出来事に対する「喜び」である。これまで「大腿義足の人間」は走ることは不可能だと思われていた。しかし、その「大腿義足の人間」である「柳下」が走れるようになったのである。そのことに、臼井は喜びを感じている。

(2) 臼井は、「脚をなくした人たち」にとって、「走ることを取り戻す」ことが何かのきっかけになるのではないかと考えている。「悩み」が全て解決されるわけではない」が、「何かが始まる」きっかけになるかもしれないという予感を感じたのである。

(3) 最後の部分に理由が二つ書かれ、「そして」という接続語でつながれている。一つは、「このまま掘り起こしていけば、どんどん光る石が出てくる」が、「やめてしまったら、原石は埋まったままで世に出ることはない」と思ったこと。もう一つは、「今のところ、掘り手は自分しかいないよう」なので、自分がやるしかないと思ったこと。ここではたとえを用いて書かれているので、そのたとえが何を表しているのかをはっきりさせてまとめる。「原石」＝「宝石」＝「光る石」とは、走れる可能性のある義足の人のことである。

p.116

定期テスト予想問題 11

(1) 例 記者やディレクターがカメラマンと街に出かけて、歩いている人にマイクを向けて質問する

(2) 例 賛成と反対の人が同じくらいいるかどうか。

(3) 例 たまたま聞いた人に反対が多かっただけかもしれないのに、反対の人が多い印象を与えて、事実でないことを伝えてしまうかもしれないという問題。

考え方

(1) 次の段落に具体的な内容が書かれている。「街頭インタビューは、記者やディレクターがカメラマンと街に出かけて、歩いている人にマイクを向けて質問します。」という一文を、□の前後につながるようにまとめる。

(2) 指示語の指す内容は、指示語の前に着目して捉える。直前の、「賛成と反対の人が同じくらいいるんだなあ」が「そう」の指す内容に当たる。前の段落では、「賛成の人が二人、反対の人が二人、どちらともいえないという人が一人、インタビューに答えている場面」について述べられており、そのような放送を見ると、私たちは「賛成と反対の人が同じくらいいる」という印象を持ってしまう。しかし、賛成と反対の人が同じ数ずつインタビューに答えていたとしても、本当に賛成と反対の人の数が同じかどうかは分からないと言っているのである。

(3) 傍線部の後に着目する。街頭インタビューで得た結果をそのまま放送することの問題点についてまとめる。街頭インタビューで反対の人が多かったという結果は、「たまたまインタビューした場所を歩いていた人の中に反対が多かっただけ」かもしれないという可能性も含んでいる。したがって、そのまま放送すると、「反対の人が多い」という印象を与えてしまい、事実と異なる可能性があると述べているのである。

p.117

定期テスト予想問題 12

(1) イ
(2) 例 行きに上りが多いと帰りは下りが多いので、帰りはトロッコに乗るところが多いということ。
(3) 例 あまり遠くに来すぎたことに気づき、不安になったから。
(4) 広々と薄ら寒い海が開けた

考え方

(1) 良平の「押すよりも乗るほうがずっといい」という考えや「すぐに飛び乗った」という行動から、トロッコに乗るときの気持ちを考える。時間がたつにつれ良平の気持ちは変化しているが、ここにはまだ「心配」や「落胆」の気持ちはない。

(2) 行きに押すところが多いということは、上りが多いということであり、帰りは逆に下りが多いということになる。下りが多いとトロッコに乗ることができるので、帰りにトロッコに乗ることを楽しみにしている良平の気持ちを押さえておこう。

(3)・(4) トロッコを押したり乗ったりすることを楽しんでいた良平だが、「高い崖の向こうに、広々と薄ら寒い海が開けた」情景を見たとたん、「あまり遠く来すぎたことが、急にはっきりと感じられた」のである。ここを境に、喜びの気持ちから急転し、不安や心配の気持ちが強くなる。トロッコに乗っても「おもしろい気持ち」になれなくなる。この作品には、情景描写が登場人物の心情を反映している場面が多くあり、この文章でも「竹やぶはいつか雑木林になった」「落ち葉のたまっている場所もあった」などの情景の変化が、良平の気持ちも変化していく予感を感じさせる。さらに良平は、トロッコは目的地まで行かなければ引き返せないという現実も理解しており、理解しているからこそあせりや不安を感じているのである。

p.118

定期テスト予想問題 13

(1) あーちゃんの足のことも考えずに山を登ってしまったこと
(2) 例 同情されていることに反発する気持ち。
(3) 例 あーちゃんに悪いことをしたという気持ち。
(4) 例 自立心の強さから友達の助けを素直に受け入れられない性格。

考え方

(1) 直前に「僕はあーちゃんの足のことも考えずに山を登ってしまったことでちょっと心が恥ずかしかった」とあることから、あーちゃんの足のことを配慮せず斜面を登ってしまったことを謝っていると分かる。

(2) 「僕」は素直に謝り、助けようと思って手を差し出したのだが、あーちゃんはその手を握ることはなく、反発するような言葉を投げかけている。あーちゃんにとっては足のことに気を遣われるのは同情されることであり、素直に受け入れられることではないのである。

(3) 「すまんかった」という言葉から分かるように、「僕」はあーちゃんの義足のことを考えずに山に登ってしまったことを恥ずかしく感じ、あーちゃんに悪かったと思っている。

(4) 「僕」とあーちゃんのやり取りから、あーちゃんは相手の同情を受け入れることをせず何でも自分でやりたいという気持ちの強い人物であることが読み取れる。その自立心や自尊心の強さから、「僕」の心配や謝罪を受け入れられず、反発しているのである。

p.119

定期テスト予想問題 14

(1) A（食べ物が豊富ではなく、）栄養をとることがだいじだった
B（健康のために）カロリーのとりすぎに注意しなければならない
(2) ① a 例 物質的、経済的な豊かさ（が大切だ。）

b 例自然を守ること（が大切だ。）

② a 工業化

b 地球環境を守ること

考え方

(1)「こんにゃく」についての時代の変化は、次の段落で説明されている。以前は「食べ物が豊富ではなく、栄養をとることがだいじだった」が、今は「健康のためにカロリーのとりすぎに注意しなければならない時代」なのである。この時代の変化が、社会のこんにゃくに対する価値観の変化につながったのである。

(2)①次の段落に、人々が何を大切に考えるかについての、時代による変化が書かれている。「物質的、経済的な豊かさ」が大切であると考えられた時代から「自然を守ること」が大切だと考える時代に変化したのである。

②「価値観」とは「何を大切と考えるか」ということである。以前の人々は、「物質的、経済的な豊かさ」が大切であるという価値観を持ち、「工業化」への関心が強かった。一方、現在は「自然を守ることが大切だ」という価値観から、「地球環境を守ること に関心が注がれる」ようになったのである。

p.120

定期テスト 予想問題 15

(1) ①いう

③いずれ

(2) 男

(3) 女

(4) 例ある年の十二月二十一日の戌の刻に出発すること。

(5) いとやむごとなき際にはあらぬ

考え方

(1)「ふ」は語中なので「う」に直す。「づ」は、現代仮名遣いでは「ず」に直す。

(2)・(3)冒頭の「男もすなる日記といふものを、女もしてみむとて、するなり。」とは「男もするという日記というものを、女もしてみようと思って、するのである。」という意味であり、当時は日記は男が書くものと考えられていたが、女である作者も書いてみる、と述べている。

(4)前にある「そのよし」は、「それの年の十二月の二十日余り一日の日の戌の刻に、門出す」を指している。現代語訳と照らし合わせて、現代語で答える。

(5)現代語訳を参考にし、「それほど高貴な身分ではない人」に当たる部分を探すと、「いとやむごとなき際にはあらぬ」が当てはまる。

教科書ぴったりトレーニング付録

赤シート×直前対策！

ぴたトレ mini book

教科書で習った順に
覚えられる！

新出漢字チェック！

国語 1年 東京書籍版 完全準拠

＼赤シートで文字をかくせば両方に使えるよ！／

書き取り　読み取り

「ぴたトレ mini book」は取り外してお使いください。

間違えやすい漢字は□の色が赤いよ！

話し方はどうかな

教14～21ページ

□① みなさんにお知らせします。（皆）
□② パンにハムをはさむ。（挟）
□③ あせが引く。（汗）
□④ カメは足がおそい。（遅）
□⑤ ふつう預金（普通）
□⑥ かなで書かれた手紙。（仮名）
□⑦ かべ新聞のげんこう。（原稿）
□⑧ アナウンサーのじっきょう。（実況）
□⑨ 空の上からのちゅうけい。（中継）
□⑩ 二死まんるい（満塁）
□⑪ 根っこがぬける。（抜）
□⑫ 飛びはねて喜ぶ。（跳）
□⑬ 速い球をとる。（捕）
□⑭ 難しい問題に考えこむ。（込）
□⑮ 目標のもとでがんばる。（下）
□⑯ もうれつな勢い。（猛烈）
□⑰ 洗った服をかんそうさせる。（乾燥）
□⑱ 気をつけて取りあつかう。（扱）
□⑲ 黒板とノートをこうごに見る。（交互）
□⑳ たんたんと作業する。（淡々）
□㉑ くふうが生きた作品。（工夫）

詩の心――発見の喜び

教24～28ページ

□① すなおにうなずく。（素直）
□② そぼくな味。（素朴）
□③ 名人のぎこう。（技巧）
□④ ゆうぜんとした態度。（悠然）
□⑤ かくれた名作。（隠）
□⑥ しんせんな魚を買う。（新鮮）
□⑦ おどろきの結果。（驚）
□⑧ なみだを流す。（涙）
□⑨ パイプがつまる。（詰）
□⑩ しんけん勝負（真剣）
□⑪ けっかくの予防接種。（結核）
□⑫ 十さいの誕生日。（歳）
□⑬ 虫のしがい。（死骸）

□⑭ ひゆを使った表現。（比喩（比喩））

活字と書き文字・画数・筆順

教 33～34ページ

□① ふでづかいのくせ。（筆遣）
□② 味のちがい。（違）
□③ げんかんをはく。（玄関）
□④ しばふにねころぶ。（芝生）
□⑤ げか医が手術する。（外科）
□⑥ ぼうせんぶを音読する。（傍線部）
□⑦ おとめの立ち姿。（乙女）
□⑧ こっきしんで立ち向かう。（克己心）
□⑨ きゅうどう場へ行く。（弓道）
□⑩ うじがみ様にお参りする。（氏神）
□⑪ きじょうの空論。（机上）
□⑫ ボウルにらんおうを入れる。（卵黄）
□⑬ かわせいひんの手入れ。（革製品）
□⑭ じびかに通う。（耳鼻科）
□⑮ 大きな川のさんかくす。（三角州）
□⑯ 新機種がにゅうかする。（入荷）

□⑰ なみだはぶんぴつ物だ。（分泌）

飛べ　かもめ

教 36～40ページ

□① どんこう列車が着く。（鈍行）
□② くもりのち晴れ。（曇）
□③ 鏡にひとかげが映る。（人影）
□④ 幼いころの思い出。（頃）
□⑤ シールをはり付ける。（貼）
□⑥ すわり心地（ごこち）が良い。（座）
□⑦ たよりになる友人。（頼）
□⑧ 木の実をにぎりしめる。（握）
□⑨ ぼくにお任せください。（僕）
□⑩ いくじがない。（意気地）
□⑪ しだいにつぼみが開く。（次第）
□⑫ 呼び声にふり向く。（振）
□⑬ 試合のゆくえが気になる。（行方）
□⑭ 相手の言葉にあまえる。（甘）
□⑮ なまけたくなる時。（怠）
□⑯ すなはまで貝がらを拾う。（砂浜）

間違えやすい漢字は□の色が赤いよ!

□⑰ ひとみを閉じる。（瞳）
□⑱ やる気を取りもどす。（戻）
□⑲ 空ににじがかかる。（虹）

さんちき

教 41～53ページ

□① 気が引きしまる。（締）
□② 草のつるがのびる。（伸）
□③ でし入りする。（弟子）
□④ てんじょう裏の物音。（天井）
□⑤ かみの毛をゴムでしばる。（縛）
□⑥ 思わず大声でさけぶ。（叫）
□⑦ 木の仏像をほる。（彫）
□⑧ ねる前に本を読む。（寝）
□⑨ どなる声が聞こえる。（怒鳴）
□⑩ はさみをとぐ。（研）
□⑪ てい寧（ねい）に針を動かす。（丁）
□⑫ ぶっそうな言葉。（物騒）
□⑬ さむらいの刀。（侍）
□⑭ 綿毛をふいて飛ばす。（吹）
□⑮ ピアノの音がひびく。（響）
□⑯ あわてて用意する。（慌）
□⑰ かんじんな部分に線を引く。（肝心）
□⑱ だまって考える。（黙）
□⑲ かつお節をけずる。（削）
□⑳ 木がたおれる。（倒）
□㉑ やみの中を手さぐりで歩く。（闇）
□㉒ となりの町に行く。（隣）
□㉓ 行列のはしに並ぶ。（端）
□㉔ いい香りになまつばがわく。（生唾）
□㉕ するどいまなざし。（鋭）
□㉖ 周囲のにくしみを買う。（憎）
□㉗ 武士がはん校で学ぶ。（藩）
□㉘ 料理のうでを上げる。（腕）
□㉙ こしに付けたきび団子。（腰）
□㉚ おしても引いても動かない。（押）
□㉛ 冷たくてこうばしい麦茶。（香）
□㉜ からいソース。（辛）

□㉝ かろやかな足取り。（軽）

接続する語句・指示する語句

教 58〜60ページ

□① ねぼうをして家を飛び出す。（寝坊）
□② こんきょを示す。（根拠）
□③ いっぱん的な内容。（一般）
□④ 体験したことがらを述べる。（事柄）
□⑤ ごぶさたしております。（無沙汰）

オオカミを見る目

教 62〜69ページ

□① 二ひきの子犬。（匹）
□② うさぎを待ちぶせる。（伏）
□③ かしこい意見。（賢）
□④ 平和のしょうちょう。（象徴）
□⑤ 問題の根っこをとらえる。（捉）
□⑥ カーネーションのさいばい。（栽培）
□⑦ 敵がおそう。（襲）
□⑧ 後ろからしゅうげきされる。（襲撃）
□⑨ あくまの絵。（悪魔）
□⑩ おそれをいだく。（恐）
□⑪ 左足をじくにする。（軸）
□⑫ ぼくちくで生活する。（牧畜）
□⑬ 生活のきばん。（基盤）
□⑭ いなさくのための土地。（稲作）
□⑮ 工業がさかんだ。（盛）
□⑯ 神にいのる。（祈）
□⑰ 馬はそうしょくじゅうだ。（草食獣）
□⑱ 病気をぼくめつする。（撲滅）
□⑲ えど時代の文化。（江戸）
□⑳ かんせんしょうの薬。（感染症）
□㉑ 全国にふきゅうする。（普及）
□㉒ さらに走った。（更）
□㉓ ひがいの大きさ。（被害）
□㉔ 重ねた積み木がくずれる。（崩）
□㉕ おくびょうな性格。（臆病）
□㉖ さわやかな風。（爽）
□㉗ ぶすいな態度。（無粋）
□㉘ ぞくっぽい言い回し。（俗）

間違えやすい漢字は□の色が赤いよ!

音読み・訓読み

教 78〜79ページ

□① 前例にもとづく。（基）
□② 黄色いももの実。（桃）
□③ 貝があわを吹く。（泡）
□④ 二つの機能をかね備える。（兼）
□⑤ きれいなびんせんを買う。（便箋(便箋)）
□⑥ ばんぶつの源。（万物）
□⑦ チームをほっそくさせる。（発足）
□⑧ ごういんにさそう。（強引）
□⑨ そっちょくに言う。（率直）
□⑩ ふうりんの音色。（風鈴）
□⑪ そっこうに自転車がはまる。（側溝）
□⑫ ぞうげでできた道具。（象牙）
□⑬ げんかくかと疑う。（幻覚）
□⑭ キャベツのしん。（芯）
□⑮ こどもの日のつどい。（集）
□⑯ ゆうしゅうな人材。（優秀）
□⑰ 気合いのまさった対戦相手。（勝）
□⑱ けっさくが完成する。（傑作）
□⑲ ピアノのきそを習う。（基礎）
□⑳ 時間をさいて会う。（割）
□㉑ こぼれた水をぬぐう。（拭）
□㉒ ぞうきんをぬう。（雑巾）
□㉓ なべをよごす。（汚）

碑(いしぶみ)

教 80〜91ページ

□① 原子ばくだん（爆弾）
□② やなぎの垂れた枝。（柳）
□③ 橋をかける。（架）
□④ 仕事のどうりょう。（同僚）
□⑤ 相手チームをていさつする。（偵察）
□⑥ 花火が上がるしゅんかん。（瞬間）
□⑦ 赤ちゃんがねむる。（眠）
□⑧ 会場をふるわせる大声。（震）
□⑨ らいめいが聞こえる。（雷鳴）
□⑩ きょだいな入道雲。（巨大）
□⑪ 鬼(おに)からにげる。（逃）

□⑫ つちけむりが立ち上る。（土煙）
□⑬ どしゃが流れる。（土砂）
□⑭ タイムカプセルをうめる。（埋）
□⑮ たけのこをほる。（掘）
□⑯ 焼きたてのせんべい。（煎餅（煎餅））
□⑰ はげましの声。（励）
□⑱ 交差点をわたる。（渡）
□⑲ わが家の定番。（我）
□⑳ 夏の服がほしい。（欲）
□㉑ 動物の通ったあとが残る。（跡）
□㉒ 山道のとちゅうの茶店。（途中）
□㉓ 本がいたむ。（傷）
□㉔ 交番で道をたずねる。（尋）
□㉕ 指定のせいぼうのある学校。（制帽）
□㉖ 祖母にあてて手紙を書く。（宛）
□㉗ ふうしょを受け取る。（封書）
□㉘ 丸木ぶねで進む。（舟）
□㉙ 川をさかのぼる。（遡（遡））
□㉚ こうげきに回る。（攻撃）
□㉛ 大都市のこうがいに住む。（郊外）
□㉜ 気持ちのいい水まくら。（枕）
□㉝ 夜をてっして作業する。（徹）
□㉞ むが夢中で探す。（無我）
□㉟ 校舎裏のひに刻まれた文字。（碑）

私のタンポポ研究

教 96〜105ページ

□① 悪貨が良貨をくちくする。（駆逐）
□② さらにくわしく調べる。（詳）
□③ 本の場所を入れかえる。（替）
□④ 代々伝わるなぞ。（謎（謎））
□⑤ あんパンの上のつぶ。（粒）
□⑥ かれ葉を集める。（枯）
□⑦ すみやかに手を貸す。（速）
□⑧ サービスをひかくする。（比較）
□⑨ 寒さをさける。（避）
□⑩ だれにでも分かる説明。（誰）
□⑪ 正当なこうい。（行為）

間違えやすい漢字は□の色が赤いよ!

- □⑫ かきの木を植える。（柿）
- □⑬ この本は読むにあたいする。（値）
- □⑭ はし休めのつけ物。（箸（箸））
- □⑮ 本をえつらんする。（閲覧）

方言と共通語　教 118〜119ページ

- □① 祭りをかいさいする。（開催）
- □② もちがふくらむ。（膨）

漢字の部首　教 120〜121ページ

- □① 漢字のへんとつくり。（偏）
- □② 花で作ったかんむり。（冠）
- □③ 田んぼになえを植える。（苗）
- □④ 子供からしたわれる。（慕）
- □⑤ ぬまちに落ちたボール。（沼地）
- □⑥ この村はあんたいだ。（安泰）
- □⑦ ていこうをやめる。（抵抗）
- □⑧ ひよこのしゆうを見分ける。（雌雄）
- □⑨ かんような接し方。（寛容）
- □⑩ これまでのけいいをたどる。（経緯）

- □⑪ えきびょうへの理解。（疫病）
- □⑫ 狩りょうが解禁される。（猟）
- □⑬ えりにアイロンをかける。（襟）
- □⑭ 質実ごう健な人。（剛）

移り行く浦島太郎の物語　教 126〜128ページ

- □① 「うらしま太郎」の結末。（浦島）
- □② 美しい竜ぐう城。（宮）
- □③ かめのこうら。（亀）
- □④ むろまち時代の建築。（室町）
- □⑤ 色紙でつるを折る。（鶴）
- □⑥ ちょうじゅ番組（長寿）
- □⑦ つららが日光にかがやく。（輝）
- □⑧ せんにんになるための修行。（仙人）
- □⑨ ぶたいの中央でおどる。（舞台）
- □⑩ 内容を書きかえる。（換）
- □⑪ プラスチックのしたじき。（下敷）
- □⑫ 花びらにそっとふれる。（触）

伊曽保物語　教 130〜134ページ

□①ベストセラーのほんやく書。（翻訳）
□②水にうく練習。（浮）
□③夕日がしずむ。（沈）
□④努力がむくわれる。（報）

竹取物語（たけとりものがたり）

教135〜143ページ

□①かぐやひめの話。（姫）
□②弱者にやさしい町。（優）
□③おろかな人々。（愚）
□④りくつを言う。（理屈）
□⑤つつの中をのぞく。（筒）
□⑥こがね虫をつかまえる。（黄金）
□⑦かれといっしょに行く。（彼）
□⑧テーマをあたえる。（与）
□⑨恩人の家をおとずれる。（訪）
□⑩参加をきょひする。（拒否）
□⑪泣く泣くあきらめる。（諦）
□⑫かぐやひめがしょうてんする。（昇天）
□⑬はごろものように軽い。（羽衣）
□⑭上着をぬぐ。（脱）
□⑮帝（みかど）にふみをしたためる。（文）
□⑯さりげなく手をそえる。（添）

矛盾

教144〜147ページ

□①むじゅん点を見つける。（矛盾）
□②「かんぴし」の一節。（韓非子）
□③部品と部品を切りはなす。（離）
□④次の試合は背水のじんだ。（陣）
□⑤かたい盾。（堅）
□⑥紙の束をつき通す。（突）
□⑦やまと言葉を見つける。（大和）
□⑧作品のすぐれたところ。（優）

語の意味と文脈・多義語

教150〜151ページ

□①自分なりのかいしゃく。（解釈）
□②品物がさっそく届く。（早速）
□③つかれてぐったりする。（疲）

少年の日の思い出

教154〜168ページ

□①しょさいで仕事をする。（書斎）
□②レースで布をふち取る。（縁）
□③ひざをすりむく。（擦）

間違えやすい漢字は□の色が赤いよ!

□④ とうめいなガラス。（透明）
□⑤ とざされたドア。（閉）
□⑥ こい青色。（濃）
□⑦ 景色をながめる。（眺）
□⑧ めずらしい生物。（珍）
□⑨ みょうな心境になる。（妙）
□⑩ 缶（かん）のふたを探す。（蓋）
□⑪ ふゆかいな出来事。（不愉快）
□⑫ びしょうする女性の絵。（微笑）
□⑬ 作文が文集にのる。（載）
□⑭ かんだかくてよく通る声。（甲高）
□⑮ ゆうぎスペースのおもちゃ。（遊戯）
□⑯ むさぼるような食べ方。（貪）
□⑰ 後ろからしのび寄る。（忍）
□⑱ ラベンダーのにおい。（匂）
□⑲ こうやのアザミの花。（荒野）
□⑳ あみの破れ目を直す。（網）
□㉑ 顔にはんてんのある犬。（斑点）
□㉒ 適度なきんちょう感。（緊張）
□㉓ かんきの声に包まれる。（歓喜）
□㉔ かかとのつぶれたスニーカー。（潰）
□㉕ ラムネのせんをぬく。（栓）
□㉖ トロフィーをじまんする。（自慢）
□㉗ えものを数える。（獲物）
□㉘ むすこの話を聞く。（息子）
□㉙ 防火設備がひんじゃくだ。（貧弱）
□㉚ 人の才能をねたむ。（妬）
□㉛ 絵本のさしえ。（挿絵）
□㉜ 先生にいくども質問する。（幾度）
□㉝ 洗った服をたたむ。（畳）
□㉞ 店が活気をていする。（呈）
□㉟ 白線をこえてはいけない。（越）
□㊱ ゆうがな仕草。（優雅）
□㊲ ゆうわくに負けない。（誘惑）
□㊳ ぬすまれた宝物。（盗）
□㊴ おかしがちなミス。（犯）

□㊵ 次の展開をさとる。（悟）
□㊶ くつ下の穴をつくろう。（繕）
□㊷ いっさいを記録する。（一切）
□㊸ 父はすでに出発した。（既）
□㊹ 罪とばつ。（罰）
□㊺ たんねんにチェックする。（丹念）
□㊻ いぜんとして変わらない。（依然）
□㊼ のどぶえにかみつく。（喉笛）
□㊽ 罪をつぐなう。（償）
□㊾ 思いがつのる。（募）
□㊿ 心のかっとう。（葛藤（葛藤））
□51 いかんの意を表明する。（遺憾）
□52 思わずしっとする。（嫉妬）
□53 体験を聞いてせんりつを覚える。（戦慄）
□54 きょうしゅうを感じる風景。（郷愁）
□55 あまりのこわさにこおり付く。（凍）
□56 しょうけいする国への留学。（憧憬）

名詞

教 170ページ

□① 毛糸のてぶくろ。（手袋）
□② せと大橋(おおはし)ができる。（瀬戸）
□③ ひゃくつぼの所有地。（百坪）
□④ けいはんしん地方の言葉。（京阪神）
□⑤ めじりが長い。（目尻）
□⑥ 風(ふ)ろから上がる。（呂）
□⑦ スーパーのちゅうしゃ場。（駐車）
□⑧ 教室のそうじをする。（掃除）
□⑨ かいしょで書く。（楷書）
□⑩ いちぜん分の米をたく。（一膳）
□⑪ 船がさんせきある。（三隻）
□⑫ 二つの意味をふくむ言葉。（含）

他教科で学ぶ漢字

教 171ページ

□① あねったいの気候。（亜熱帯）
□② こふん時代の王。（古墳）
□③ かいづかが出土する。（貝塚）
□④ やよい時代の土器。（弥生）
□⑤ 魚はせきつい動物である。（脊椎）

間違えやすい漢字は□の色が赤いよ！

□⑥ くじらがゆったりと泳ぐ。（鯨）
□⑦ ほにゅうるいに属する。（哺乳類）
□⑧ けんびきょうをのぞく。（顕微鏡）
□⑨ そせいを持つ金属。（塑性）
□⑩ 秋はしゅうかくの季節だ。（収穫）
□⑪ 野菜をすの物にする。（酢）
□⑫ じんぞうに良い食べ物。（腎臓）
□⑬ リンパせんがはれる。（腺）

風を受けて走れ

教 172～179ページ

□① すらっと長いあし。（脚）
□② ぎし装具士の専門学校。（義肢）
□③ 生活ひつじゅ品の不足。（必需）
□④ ひざうえまで届くコート。（膝上）
□⑤ 熱い思いをいだく。（抱）
□⑥ ピザの生地(きじ)をうすくのばす。（薄）
□⑦ わんきょくしたコースを走る。（湾曲）
□⑧ じょうぶな柱。（丈夫）
□⑨ ちょうせん者になる。（挑戦）
□⑩ ろうかにワックスをかける。（廊下）
□⑪ 使い心地(ごこち)をためす。（試）
□⑫ そうしつ感を覚える。（喪失）
□⑬ どれにしようかとなやむ。（悩）
□⑭ はだしで土をふむ。（踏）
□⑮ れんらくを全員に回す。（連絡）
□⑯ マラソンのばんそうをする。（伴走）
□⑰ ゲームの得点をきそう。（競）
□⑱ はばの広い机。（幅）

ニュースの見方を考えよう

教 184～191ページ

□① しぶ谷(や)を歩く。（渋）
□② しちょう者の意見。（視聴）
□③ ふんそうが続く地域。（紛争）
□④ せんぱいに相談する。（先輩）
□⑤ ぼうとうの一文。（冒頭）
□⑥ こちょうした表現。（誇張）

連体詞・副詞・接続詞・感動詞

教 205ページ

□① 庭の雑草をかる。（刈）

□⑫ 服を残り湯でせんたくする。（洗濯）

漢字の成り立ち

教206〜207ページ

□① 草地がえんじょうする。（炎上）
□② しゅうじんが服役する。（囚人）
□③ さる山のボス。（猿）
□④ げんがく四重奏（弦楽）
□⑤ 水をようばいにする。（溶媒）
□⑥ 練習曲のがくふ。（楽譜）
□⑦ まさつで熱が発生する。（摩擦）
□⑧ せいめいを記入する。（姓名）
□⑨ ぎせい者が出る。（犠牲）
□⑩ 数学のふごう。（符号）
□⑪ 大学のふぞく小学校。（附属）
□⑫ 学びかつ遊ぶ。（且）
□⑬ そぜいがかかる。（租税）
□⑭ たくらみをそしする。（阻止）
□⑮ 敵にそげきされる。（狙撃）
□⑯ 好きな科目をせんたくする。（選択）
□⑰ 小説をしょうやくする。（抄訳）
□⑱ 食パンをいっきん買う。（一斤）
□⑲ きょしょうの手がけた家。（巨匠）

トロッコ

教210〜219ページ

□① 船でうんぱんする。（運搬）
□② 三月のしょじゅん。（初旬）
□③ どろ団子を作る。（泥）
□④ ゆるやかなこうばい。（勾配）
□⑤ はくぼの間に帰宅する。（薄暮）
□⑥ うちょうてんではしゃぐ。（有頂天）
□⑦ 「このやろう。」とおこる。（野郎）
□⑧ 昔のきおくをたどる。（記憶）
□⑨ しきさいが美しい。（色彩）
□⑩ 弟をほめる。（褒）
□⑪ 頭からつまさきまで。（爪先）
□⑫ 高いがけを見上げる。（崖）
□⑬ ちのみ子をあやす。（乳飲）
□⑭ がんじょうな骨組み。（頑丈）

間違えやすい漢字は□の色が赤いよ！

□⑮ 駄（だ）がしを食べる。（菓子）
□⑯ 毛布をかける。（掛）
□⑰ 地面をける。（蹴）
□⑱ じゃまが入る。（邪魔）
□⑲ わらぞうりを作る。（草履）
□⑳ 白いたびをはく。（足袋）
□㉑ かどぐちで出むかえる。（門口）
□㉒ しゅふでで丸を付ける。（朱筆）

小学校六年で学習した漢字

□① 木にあなを開ける。（穴）
□② いの調子が悪い。（胃）
□③ 意見がことなる。（異）
□④ 祖父のいさんを相続する。（遺産）
□⑤ ちいきの名産品を売る。（地域）
□⑥ くつ下をうらがえす。（裏返）
□⑦ 母とえいがを見に行く。（映画）
□⑧ 野球大会がえんきになる。（延期）
□⑨ 川にそって歩く。（沿）
□⑩ 友人におん返しする。（恩）
□⑪ 写真をかくだいする。（拡大）
□⑫ 組織をかいかくする。（改革）
□⑬ ないかく総理大臣（内閣）
□⑭ かばんをかたてで持つ。（片手）
□⑮ 大きな木の切りかぶ。（株）
□⑯ せんたく物をほす。（干）
□⑰ 本のかんまつの写真。（巻末）

□⑱ 病院のかんご師さん。（看護）
□⑲ かんたんな料理。（簡単）
□⑳ きけんな場所で遊ばない。（危険）
□㉑ 実力をはっきする。（発揮）
□㉒ 人をうたがわない性格。（疑）
□㉓ きぬいとで織る。（絹糸）
□㉔ むねがどきどきする。（胸）
□㉕ こきょうに帰省する。（故郷）
□㉖ 父は銀行につとめている。（勤）
□㉗ きんにくをきたえる。（筋肉）
□㉘ 日がくれる。（暮）
□㉙ そんけいするスポーツ選手。（尊敬）
□㉚ 風がはげしくふきつける。（激）
□㉛ 今年は寒さがきびしい。（厳）
□㉜ 十さいの弟がじこ主張する。（自己）
□㉝ 大声で妹をよぶ。（呼）
□㉞ あやまりをすぐに認める。（誤）
□㉟ 山々のこうようが美しい。（紅葉）

□㊱ こんなんに立ち向かう。（困難）
□㊲ さとうとしょう油を入れる。（砂糖）
□㊳ しきゅう、連らくをとる。（至急）
□㊴ しせいのよい体操選手。（姿勢）
□㊵ 好きな曲のかしを調べる。（歌詞）
□㊶ 父が車のざっしを読む。（雑誌）
□㊷ ぺろっとしたを出す。（舌）
□㊸ ごみしょり場を見学する。（処理）
□㊹ ざっ草を取りのぞく。（除）
□㊺ 両親もしょうちしている。（承知）
□㊻ じゅうしょうの患者（かんじゃ）。（重症）
□㊼ エアコンがこしょうする。（故障）
□㊽ せいじつな人がら。（誠実）
□㊾ せんもん家の意見を聞く。（専門）
□㊿ バスタオルをあらう。（洗）
□51 きんせんのやりとり。（金銭）
□52 ぜんあくの判断はできる。（善悪）
□53 ピアノのえんそう会。（演奏）

間違えやすい漢字は□の色が赤いよ!

□ ㊹ まどから運動場をのぞく。（窓）
□ ㊺ 山登りにふさわしいふくそう。（服装）
□ ㊻ アイスをれいぞうこでひやす。（冷蔵庫）
□ ㊼ いんたいした水泳選手。（引退）
□ ㊽ じゅうたくを建設する。（住宅）
□ ㊾ たんにんの先生に相談する。（担任）
□ ㊿ 新しい自転車のねだん。（値段）
□ 61 作家のちょしょを購入（こうにゅう）する。（著書）
□ 62 さんちょうからながめる。（山頂）
□ 63 ふくつうで病院に行く。（腹痛）
□ 64 冷たいぎゅうにゅうを飲む。（牛乳）
□ 65 水道料金をおさめる。（納）
□ 66 焼けてはいになる。（灰）
□ 67 クラスをはんに分ける。（班）
□ 68 ばんご飯を食べる。（晩）
□ 69 友達とひみつの約束をする。（秘密）
□ 70 ラーメン屋さんがへいてんする。（閉店）
□ 71 たからものは歌手のサインだ。（宝物）
□ 72 事故でしぼうする。（死亡）
□ 73 プリントのまいすう。（枚数）
□ 74 生徒の努力をみとめる。（認）
□ 75 絵画作品をもしゃする。（模写）
□ 76 ボウルにサラダをもる。（盛）
□ 77 全国大会でゆうしょうする。（優勝）
□ 78 おさない妹の手をつなぐ。（幼）
□ 79 しょくよくの秋。（食欲）
□ 80 よくじつの体育大会。（翌日）
□ 81 花火のかんらん席。（観覧）
□ 82 国会でほうりつを定める。（法律）
□ 83 りんじ列車が走る。（臨時）
□ 84 民話をろうどくする。（朗読）
□ 85 クラスでとうろんする。（討論）
□ 86 わかものらしい夢。（若者）
□ 87 店にかばんをわすれる。（忘）
□ 88 生徒会長のやくわり。（役割）
□ 89 われをわすれてさけぶ。（我）